Karl Marx
Resultate des unmittelbaren Produktionsprozesses

Das Kapital. I. Buch. Der Produktionsprozess des Kapitals.
VI. Kapitel

Archiv
sozialistischer Literatur 17
Verlag Neue Kritik Frankfurt

Archiv sozialistischer Literatur 17
ISBN 3-8015-0056-X

Umschlag Hanno Rink
Druck Fuldaer Verlagsanstalt Fulda

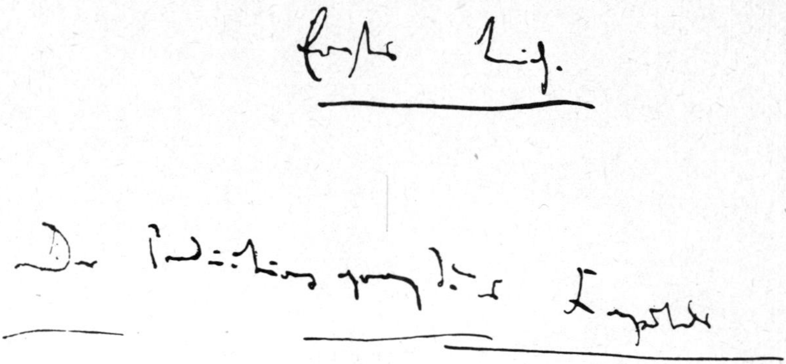

Titelseite des Marxschen Manuskripts

Bibliographische Notiz

Aus dem Nachlass von Marx' Vorarbeiten zum „Kapital" sind bisher nur wenige Teile, im wesentlichen lediglich, die in der Zeit von 1861–63 entstandenen in einer weit umfangreicheren Serie von 23 Heften enthaltenen „Theorien über den Mehrwert" bekannt geworden.

Über die späteren, bis zur Veröffentlichung des ersten Bandes des „Kapital" 1867 und bis zu seinem Tode entstandenen, voluminösen Vorarbeiten gibt zwar Engels in seiner Ausgabe des zweiten Bandes des „Kapital" detaillierte Hinweise, der allergrösste Teil dieses Komplexes, aus dem Engels den zweiten und dritten Band des „Kapital" fertiggestellt hat, liegt jedoch bis heute unzugänglich im Moskauer Marx-Engels-Institut.

Der vorliegende Text gehört zu diesem Komplex und ist im Marxschen Manuskript betitelt als: „Erstes Buch. Der Produktionsprozess des Kapitals. Sechstes Kapitel. Resultate des unmittelbaren Produktionsprzesses". Er wurde 1933 in dem vom Moskauer Institut herausgegebenen Marx-Engels-Archiv[1] veröffentlicht.

Das Manuskript ist leider fast ganz unbeachtet und unbekannt geblieben, erst im letzten Jahr erschienen Auszüge in der von Maximilian Rubel herausgegebenen französischen Zeitschrift Économie et Sociétés, Cahiers de l'Institut de Science Économique Appliquée, Série Études de Marxologie, No. 6 – Juin 1967; eine vollständige italienische Ausgabe besorgte Bruno Maffi.[2]

A. Leontjev, der ursprüngliche, vom Marx-Engels-Institut beauftragte Herausgeber, gibt in seiner Einleitung einige bisher nicht bestrit-

[1] Arkhiv Marksa i Engelsa, vol. II (VII), 1933, p. 4–266
[2] Il Capitale Libro I, Firenze 1969

tene Angaben zum Standort des Manuskriptes, die wir hier knapp wiedergeben:

„Von dem handschriftlichen Nachlass, der sich direkt auf den ersten Band des „Kapital" bezieht, sind uns zur Zeit folgende Schriften bekannt:

1) das im vorliegenden Band veröffentlichte Manuskript des 6. Kapitels und

2) das Manuskript, dessen zentraler Inhalt die Erforschung der Wertformen ist und das eine Entwurfsvariante zur Überarbeitung des Textes für die erste Ausgabe bei der Vorbereitung der zweiten Ausgabe ist.

Das Manuskript besteht aus Seiten, die die Marxsche Numerierung von 441–495 tragen. Ausserdem sind in der Handschrift, d. h. in diesem ihren Abschnitt, der betitelt ist mit: „Die kapitalistische Produktion ist die Produktion des Mehrwerts", zwei Zusätze enthalten, die vorher von Marx als Seiten 96–107 und 262–264 durchnumeriert worden waren (aus dem letzten Zusatz fehlt uns die Seite 262). Schliesslich lag zwischen den Seiten des Manuskripts eine Reihe von einzelnen Seiten, die im wesentlichen Bemerkungen enthielten, die Marx anscheinend bei seiner weiteren Bearbeitung des Manuskripts verwenden wollte.

Man sollte hier noch erwähnen, dass einige dieser einzelnen Seiten bedeutend später geschrieben wurden, als der Text des Manuskripts des sechsten Kapitels. Diese Einzelseiten veröffentlichen wir im vorliegenden Band nach dem Manuskript des sechten Kapitels.

Der Schlüssel zum Verständnis des Stellenwerts des vorliegenden Manuskripts in der Entstehungsgeschichte des „Kapital" ist der Aufbauplan des „Kapital", der von Marx in einem seiner Hefte aus der Serie von 1861–1863 niedergeschrieben wurde. Im achtzehnten Heft dieser Serie, das sich auf Ende 1862 bezieht, gibt Marx folgende Variante zum Aufbau seines Werkes:

„Der Erste Abschnitt: Produktionsprozess des Kapitals,
soll folgendermassen aufgeteilt werden:

1. Einleitung. Ware. Geld.
2. Verwandlung von Geld in Kapital.
3. Der absolute Mehrwert:

a) Arbeitsprozess und Verwertungsprzess;
b) Konstantes und variables Kapital;
c) Der absolute Mehrwert;
d) Kampf um den normalen Arbeitstag;
e) Gleichzeitige Arbeitstage (Anzahl der gleichzeitig beschäftigten Arbeiter). Betrag des Mehrwerts und die Mehrwertrate (Grösse und Höhe?)

4. Der relative Mehrwert:

a) Einfache Kooperation;
b) Teilung der Arbeit;
c) Maschinen usw.

5. Kombination von absolutem und relativem Mehrwert. Verhältnisse (Proportion) zwischen Lohnarbeit und Mehrwert. Formelle und reale Subsumption der Arbeit unter das Kapital.
Produktive und unproduktive Arbeit.
6. Rückverwandlung von Mehrwert in Kapital. Die ursprüngliche Akkumulation. Die Kolonialtheorie Wakefields.
7. Resultate des Produktionsprozesses. Die Änderung im Auftreten des Aneignungsgesetzes kann unter 6 und 7 dargestellt werden.
8. Die Theorien über Mehrwert.
9. Die Theorien über produktive Arbeit und unproduktive Arbeit."[3]
Dieser vorläufige Entwurf erhellt die Rolle und den Stellenwert des Manuskripts des sechsten Kapitels. Die ersten sechs Punkte fallen vollständig mit dem tatsächlichen Aufbau des ersten Bandes zusammen. In der ersten Ausgabe bestand der erste Band des „Kapital" aus sechs Kapiteln, die dem vorhandenen Entwurf vollkommen entsprechen; für die nachfolgenden Ausgaben wurden die Kapitel in Abschnitte verwandelt, wobei das fünfte Kapitel in zwei Abschnitte zerfiel, so dass die Gesamtzahl der Abschnitte Sieben beträgt. Dagegen wurden die letzten drei Punkte nicht in den ersten Band übernommen, wozu auch Punkt Sieben gehört – das Resultat des Produktionsprozesses.

Eine Reihe von Überlegungen gibt uns Anlass zur Annahme, dass das Manuskript nichts anderes ist, als der erhalten gebliebene Teil des ursprünglichen Konzeptes zum ersten Band des „Kapital", das von Marx von 1863–1865 geschrieben worden war, und der „Umschrift ins Reine" und der endgültigen Form als Grundlage diente, mit denen sich Marx seit Anfang 1866 beschäftigt hatte. Wahrscheinlich hat sich Marx während seiner endgültigen Bearbeitung entschlossen, das umfangreiche sechste Kapitel nicht in den ersten Band aufzunehmen – dieses Kapitel ist dem „Resultat des unmittelbaren Produktionsprozesses" gewidmet. So schloss der Inhalt des ersten Bandes mit dem Kapitel (später – Abschnitt) über die Akkumulation des Kapitals ab. Gerade in diesem Kapitel übernahm Marx eine Reihe von Thesen, deren Vorentwurf in dem veröffentlichten Manuskript enthalten ist.

Das veröffentlichte Manuskript ist von Marx auf jeden Fall nach der Beendigung der Heftserie von 1861–1863 geschrieben worden. Der Inhalt mehrerer Stellen aus dieser Heftserie wird in dem vorhandenen Manuskript grosszügig verwendet. Ganz besonders wird der Inhalt des fünften und in noch stärkerem Maasse des 21. Heftes verwendet. Die einzelnen Seiten des 21. Heftes sind ganz einfach an die entsprechenden Stellen des vorhandenen Manuskripts geklebt worden.[4] Man sollte hier auch erwähnen, dass Marx in diesem

[3] Theorien I, Berlin 1956, S. 377
[4] Hier ein Verzeichnis dieser Seiten: an die Seite 475 des Manuskripts ist die Seite 1303 des Manuskripts von 1861–1863 angeklebt, an die Seite 477 die Seite 1305, an 487–1308 und an 490–1318. (A. L.)

Manuskript schon den Terminus „Arbeitsvermögen" statt „Arbeitskraft" verwendet, während im Text des „Kapital" der erste Terminus schon durch den zweiten ersetzt ist. Mehrere Stellen in diesem Manuskript sind frühere Vorformulierungen von Thesen, die man im „Kapital" antrifft. Was die Einzelseiten anbetrifft, die im Anschluss an den Text des 6. Kapitels zu finden sind, so ist ein Teil von ihnen unzweifelhaft frühestens 1867 geschrieben worden.

Das Material ist nach den Hinweisen von Marx, die im Manuskript selbst enthalten sind, angeordnet. Alle Umstellungen einzelner Textteile sind schon in den Fussnoten der Redaktion erwähnt. Die Einzelseiten, die zwischen den Seiten des Manuskripts des sechsten Kapitels lagen, sind nach dem Text dieses Kapitels angeordnet. Wörter, die von der Redaktion zum Verständnis des Zusammenhangs eingesetzt sind, und auch Bemerkungen der Redaktion sind in eckigen Klammern enthalten [ ]. Einzelne Wörter und Textteile, die dem Manuskript von Marx entnommen sind und in den Bemerkungen der Redaktion angeführt werden, sind ausserhalb der eckigen Klammern angeordnet. In den spitzen Klammern <> sind einzelne Wörter und Satzteile enthalten, die im Original ausgestrichen sind.

An der Vorbereitung des vorliegenden Bandes des „Marx-Engels-Archivs" nahmen teil: P. Weller und G. Frelich (an der Redaktion des deutschen Textes) und M. Grinbaum (Zusammenstellung des Verzeichnisses)."

ERSTES BUCH

DER PRODUKTIONSPROZESS DES KAPITALS

SECHSTES KAPITEL

RESULTATE DES UNMITTELBAREN PRODUKTIONSPROZESSES

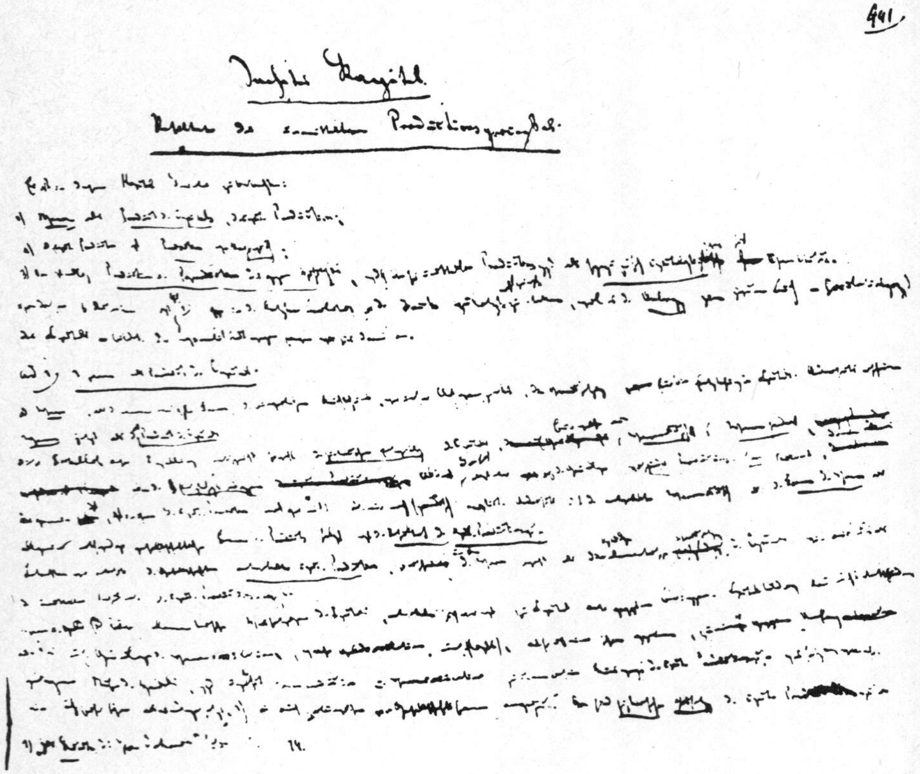

Erste Seite des Marxschen Manuskripts

441 ‖ SECHSTES KAPITEL

RESULTATE DES UNMITTELBAREN PRODUKTIONS-PROZESSES

Es ist in diesem Kapitel dreierlei zu betrachten:

1) *Waren* als *Produkt des Kapitals*, d[er] kapit[alistischen] Produktion;

2) Die kapitalistische Produktion ist *Produktion von Mehrwert;*

3) Sie ist endlich *Produktion und Reproduktion des ganzen Verhältnisses*, wodurch dieser unmittelbare Produktionsprozess als *spezifisch kapitalistischer* sich charakterisiert.

Von diesen drei Rubriken ist Nr. 1 in der letzten Bearbeitung für den Druck zuletzt, nicht zuerst, zu stellen, weil es den *Uebergang* zum zweiten Buch — Zirkulationsprozess des Kapitals — bildet. Der Bequemlichkeit wegen fangen wir hier damit an. *

459 ‖ [1]** KAPITALISTISCHE PRODUKTION ALS PRODUKTION VON MEHRWERT

Soweit das Kapital nur noch in seinen Elementarformen, als Ware oder Geld, auftritt, tritt der Kapitalist in den bereits bekannten Charakterformen des Warenbesitzers oder Geldbesitzers auf. Deswegen sind aber letztere an und für sich ebensowenig Kapitalisten, als Ware und Geld an und für sich Kapital sind. Wie diese sich nur unter bestimmten Voraussetzungen in Kapital, so verwandeln sich Waren- und Geldbesitzer nur unter denselben Voraussetzungen in Kapitalisten.

Ursprünglich trat das Kapital als *Geld* auf, das sich in *Kapital* verwandeln soll, oder das nur noch δυνάμει nach Kapital ist.

Wie einerseits von den Oekonomen der blunder gemacht wird, diese Elementarformen des Kapitals — Ware und Geld — als solche

* [Gemäss dieser Anweisung haben wir die zweite Rubrik (Manuskriptseiten 459 — 491, bei uns S. 4 — 166) und die dritte (Manuskriptseiten 492 — 495, bei uns S. 166 — 178) an die erste und zweite Stelle gesetzt und die erste Rubrik (Manuskriptseiten 441 — 458, bei uns S. 180 — 228) ans Ende. *D. Red.*].

** [Im Manuskript:] ad 2) [*D. Red.*]

mit dem Kapital zu identifizieren, so andrerseits der blunder die Gebrauchswertsexistenzweise des Kapitals — die *Arbeitsmittel* — als solche für Kapital zu erklären.

In seiner ersten provisorischen (sozusagen) Form als *Geld* (als Ausgangspunkt der Kapitalbildung) existiert das Kapital nur noch als Geld, also als eine *Summe von Tauschwerten* in der *selbständigen Form des Tauschwerts*, seinem *Geldausdruck*. Aber dies Geld soll sich verwerten. Der Tauschwert soll dazu dienen mehr Tauschwert zu schaffen. Die *Wertgrösse* soll wachsen, d. h. der vorhandene Wert sich nicht nur erhalten, sondern ein *Increment*, Δ Wert, einen *Mehrwert* setzen, sodass der gegebene Wert — die gegebene Geldsumme als Fluens, und das Increment als Fluxion sich darstellen. Wir kommen auf diesen selbständigen Geldausdruck des Kapitals zurück bei Betrachtung seines Zirkulationsprozesses. Hier, wo wir es mit dem Geld nur noch zu tun haben als *Ausgangspunkt des unmittelbaren Produktionsprozesses* reicht eine einzige Bemerkung hin: Das Kapital existiert hier nur noch als eine *gegebene Wertsumme* = G (Geld), worin aller Gebrauchswert ausgelöscht ist, daher in der Form des Geldes. Die *Grösse* dieser Wertsumme ist begrenzt durch die *Höhe* oder *Quantität* der *Geldsumme*, die sich in Kapital verwandeln soll. Diese Wertsumme wird also dadurch Kapital, dass ihre *Grösse* sich *vergrössert*, dass sie sich in *eine wechselnde Grösse* verwandelt, dass sie von vorn herein ein Fluens, das eine Fluxion setzen soll. *An sich* ist diese Geldsumme erst Kapital, d. h. ihrer *Bestimmung* nach, weil sie in einer Weise angewandt, verausgabt werden soll, die ihre *Vergösserung* zum Zweck hat, weil sie zum *Zweck ihrer Vergrösserung* verausgabt wird. Erscheint dies mit Bezug auf die vorhandene Wert- oder Geldsumme als ihre *Bestimmung*, ihr innerer Trieb, Tendenz, so mit Bezug auf den *Kapitalisten*, d. h. den Besitzer dieser Geldsumme, in dessen Hand sie diese Funktion untergehen soll, als *Absicht, Zweck*. In diesem ursprünglich einfachen Wert- oder Geldausdruck des Kapitals (des werden sollenden Kapitals), worin von aller Beziehung auf Gebrauchswert abstrahiert, sie weggefallen ist, fällt aber auch alle störende Dazwischenkunft und später verwirrende Indizienzpunkte des *wirklichen Produktionsprozesses* (Warenproduktion etc.) fort und die *charakteristische spezifische Natur* des kapitalistischen Produktionsprozesses zeigt sich eben so abstrakt einfach. Wenn das ursprüngliche Kapital eine *Wertsumme* $= x$, so ist der Zweck und wird dies x dadurch Kapital, dass es in $x + \Delta x$ verwandelt wird, d. h. in eine Geldsumme oder Wertsumme = der ursprünglichen Wertsumme + einem Ueberschuss über die ursprüngliche Wertsumme, in die gegebene Geld*grösse* + zusätzliches Geld, in den *gegebenen Wert + Mehrwert.* Die *Produktion von Mehrwert* — welche die Erhaltung des ursprünglich vorgeschossenen Werts einschliesst, erscheint so als der bestimmende Zweck, das treibende Interesse und das *schliessliche Resultat* des kapitalistischen Produktionsprozesses, als das, wodurch der ursprüngliche Wert in Kapital verwandelt wird. *Wie* dies erreicht wird, die wirkliche Prozedur dieser Verwandlung von x in $x + \Delta x$, ändert nichts an dem Zweck und Resultat des Prozesses. Es kann allerdings auch ohne kapitalistischen Produktionsprozess x in $x + \Delta x$ verwandelt werden, aber nicht unter der *gegebenen Bedingung* und *Voraussetzung*, dass die konkurrierenden Glieder der Gesellschaft sich als Personen gegenübertreten, die sich nur als *Warenbesitzer* gegenüberstehn und nur als solche in Kontakt miteinander treten (dies schliesst Sklaverei etc. aus) und zweitens nicht unter der anderen Bedingung, dass das gesellschaftliche Produkt als *Ware* produziert wird. (Dies schliesst alle Formen aus, worin für die unmittelbaren Produzenten der Gebrauchswert der Hauptzweck und höchstens der Ueberschuss des Produkts etc. sich in Ware verwandelt).

460 || Dieser Zweck des Prozesses, dass x verwandelt wird in $x + \Delta x$, zeigt ferner, welchen Gang die Untersuchung zu gehn hat. Der Ausdruck muss die Funktion einer variablen Grösse sein, oder in solche sich während des Prozesses verwandeln. Von vornherein als *gegebene Geldsumme* ist x eine konstante Grösse, deren Increment also $= 0$ ist. Es muss also im Prozess in eine andre Grösse verwandelt werden, die ein variables Element enthält. Und es gilt, diesen Bestandteil aufzufinden, und zugleich nachzuweisen, durch welche Vermittlungen aus der ursprünglich konstanten Grösse eine variable wird. Da, wie sich ferner bei der Betrachtung des wirklichen Produktionsprozesses zeigt, ein Teil von x sich wieder rückverwandelt in eine konstante Grösse — nämlich in die Arbeitsmittel, da ein Teil des *Werts* von x nur in der Form bestimmter Gebrauchswerte, statt in der Geldform desselben, ein change der an der konstanten Natur der Wertgrösse nichts ändert, überhaupt an diesem Teil, soweit er Tauschwert ist, nichts ändert, stellt sich x im Prozess dar als c (konstante Grösse) + v (variable Grösse) $= c + v$. Nun ist aber die Differenz $\Delta (c + v) = c + (v + \Delta v)$ und, da die Differenz von $c = 0$, $= (v + \Delta v)$. Was ursprünglich als Δx erscheint, ist also wirklich Δv. Und das

Verhältnis dieses Increments der ursprünglichen Grösse x zu dem Teil von x, dessen Increment es wirklich ist, muss sein ($\Delta v = \Delta x$ (da $\Delta x = \Delta v$)), $\frac{\Delta x}{v} = \frac{\Delta v}{v}$, welches in der Tat die Formel für die *Rate des Mehrwerts* ist.

Da das Gesamtkapital $C = c + v$, wovon c konstant und v variabel, kann C als Funktion von v betrachtet werden. Wächst v um Δv, so wird $C = C'$.

Man hat also:

1) $C = c + v$

2) $C' = c + (v + \Delta v)$.

Zieht man Gleichung 1) von Gleichung 2) ab, so erhält man die Differenz $C' - C$, das Increment von $C = \Delta C$.

3) $C' - C = c + v + \Delta v - c - v = \Delta v$

4) $\Delta C = \Delta v$.

Man hat also (3) und daher (4) $\Delta C = \Delta v$. Aber $C' - C =$ der Grösse, um die sich C verändert hat ($= \Delta C$), = dem Increment von C oder ΔC, also, 4). Oder das Increment des Gesamtkapitals = dem Increment des variablen Teils des Kapitals, sodass ΔC oder der change des konstanten Teils des Kapitals = 0. Das konstante Kapital also in dieser Untersuchung über ΔC oder $\Delta v = 0$ gesetzt, d. h. muss ausser Acht gelassen werden.

Die Proportion, worin v gewachsen $= \frac{\Delta v}{v}$ *(Rate des Mehrwerts)*. Die Proportion, worin C gewachsen $= \frac{\Delta v}{C} = \frac{\Delta v}{c + v}$ *(Profitrate)*.

Die eigentliche, spezifische *Funktion* des Kapitals als Kapital ist also die *Produktion von Mehrwert*, die, wie sich später darstellt, nichts ist als *Produktion* von *Surplusarbeit*, *Aneignung von unbezahlter Arbeit* im wirklichen Produktionsprozess, die sich darstellt, vergegenständlicht als *Mehrwert*.

Es hat sich ferner ergeben, dass zur Verwandlung von x in Kapital, in $x + \Delta x$, nötig ist, dass der Wert oder Geldsumme x sich verwandle in die *Faktoren des Produktionsprozesses*, zunächst in die *Faktoren des wirklichen Arbeitspozesses*. Es ist möglich in gewissen Industriezweigen, dass ein Teil der Produktionsmittel — der *Arbeitsgegenstand* — keinen Wert hat, keine *Ware* ist, obgleich ein Gebrauchswert. In diesem Fall verwandelt sich ein Teil von x bloss in Produktionsmittel, und der Arbeitsgegenstand, soweit die Verwandlung von x in Betracht kommt, d. h. der Ankauf von Waren durch x, die in den Arbeitsprozess eingehn, beschränkt sich auf den Ankauf von Produktionsmitteln. Ein Faktor des Arbeitsprozesses, der Arbeitsgegenstand, ist hier = = 0, soweit der Wert in Betracht kommt. Aber wir betrachten die Sache in der vollständigen Form, wo noch der Arbeitsgegenstand = Ware. Für den Fall, wo dies nicht, ist dieser Faktor, as far as value is concerned, = 0 zu setzen, um die Rechnung zu rektifizieren.

Wie die Ware unmittelbare Einheit von Gebrauchswert und Tauschwert, so ist der Produktionsprozess, der *Produktionsprozess von Ware* ist, unmittelbare Einheit von Arbeits- und Verwertungsprozess. Wie *Waren*, d. h. unmittelbare Einheiten von Gebrauchswert und Tauschwert, als *Resultat*, als Produkt, aus dem Prozess herauskommen, so gehn sie als konstituierende Elemente in ihn ein. Es kann überhaupt nie etwas aus einem Produktionsprozess herauskommen, was nicht in der Form von Produktionsbedingungen in ihn einging.

Die Verwandlung der vorgeschossenen Geldsumme, der zu verwertenden und in Kapital zu verwandelnden Geldsumme, in die *Faktoren des Produktionsprozesses* ist ein Akt der Warenzirkulation, des Austauschprozesses, und löst sich in eine Reihe von Käufen auf. Dieser *Akt* fällt also noch *ausserhalb* des unmittelbaren Produktionsprozesses. Er leitet ihn nur ein, ist aber die *notwendige Voraussetzung* desselben und wenn wir statt des unmittelbaren Produktionsprozesses das Ganze und die Kontinuität der kapitalistischen Produktion betrachten, bildet diese Verwandlung des Geldes in die *Faktoren des Produktionsprozesses*, der Ankauf von Produktionsmitteln und Arbeitsvermögen, selbst ein *immanentes Moment des Gesamtprozesses*.

461 || Betrachten wir nun die Gestalt des Kapitals *innerhalb* des unmittelbaren Produktionsprozesses, so hat es wie die einfache Ware die *Doppelgestalt* von *Gebrauchswert* und *Tauschwert*. Aber in beiden Formen treten weitere Bestimmungen ein, die verschieden von denen der einfachen, selbständig betrachteten Ware, weiter entwickelte Bestimmtheiten.

Was zunächst den *Gebrauchswert* betrifft, so war sein besondrer Inhalt, seine weitre Bestimmtheit vollständig gleichgültig für die Begriffsbestimmung der Ware. Der Artikel, der Ware und daher Träger des Tauschwerts sein sollte, musste irgendein gesellschaftliches Bedürfnis befriedigen, daher irgendwelche brauchbare Eigenschaften besitzen. Voilà tout. Anders mit dem *Gebrauchswert* der Waren, die im Produktionsprozess funktionieren. Durch die Natur des *Arbeitsprozesses* dirimieren sich zunächst die Produktionsmittel in

Arbeitsgegenstand und *Arbeitsmittel*, oder weiter bestimmt *Rohmaterial* auf der einen Seite, *Instrumente, Hilfsmaterialien* usw. auf der andern. Es sind dies *Formbestimmungen des Gebrauchswerts*, die aus der Natur des Arbeitsprozesses selbst entspringen, und so ist — in Beziehung auf die Produktionsmittel — der Gebrauchswert weiter fortbestimmt. Die *Formbestimmung des Gebrauchswerts* wird hier selbst wesentlich für die Entwicklung des *ökonomischen Verhältnisses*, der *ökonomischen Kategorie*.

Ferner aber scheiden sich im Arbeitsprozesse die in ihn eigehenden Gebrauchswerte in zwei streng begrifflich geschiedene Momente und Gegensätze (ganz wie eben gesagt, die *gegenständlichen* Produktionsmittel tun) — auf der einen Seite die gegenständlichen Produktionsmittel, die *objektiven* Produktionsbedingungen, auf der andern Seite die werktätigen Arbeitsvermögen, die sich zweckmässig äussernde Arbeitskraft, die *subjektive* Produktionsbedingung. Dies ist eine weitere Formbestimmtheit des Kapitals, soweit es *sub specie des Gebrauchswerts* innerhalb des unmittelbaren Produktionsprozesses erscheint. In der einfachen Ware ist bestimmte zweckmässige Arbeit, Spinnen, Weben usw., im Gespinst, im Geweb verkörpert, vergegenständlicht. Die zweckmässige Form des Produkts ist die einzige Spur, welche die zweckmässige Arbeit zurückgelassen hat und diese Spur selbst kann ausgelöscht sein, wenn das Produkt die Form eines Naturprodukts hat, wie Vieh, Weizen usw. In der Ware erscheint der Gebrauchswert gegenwärtig, als das Vorhandene, das in dem Arbeitsprozess nur als *Produkt* erscheint. Die einzelne Ware ist in der Tat ein fertiges Produkt, hinter dem sein Entstehungsprozess liegt, worin der Prozess, wodurch sich besondere nützliche Arbeit in ihm verkörperte, vergegenständlichte, in der Tat aufgehoben ist. In dem Produktionsprozess wird die Ware. Sie wird beständig als Produkt vom Prozess abgestossen, so dass das Produkt selbst nur als ein Moment des Prozesses erscheint. Ein Teil des *Gebrauchswerts*, worin das Kapital innerhalb des Produktionsprozesses erscheint, ist das *lebendige Arbeitsvermögen* selbst, aber als Arbeitsvermögen von bestimmter, dem besonderen Gebrauchswert der Produktionsmittel entsprechender *Spezifikation* und als sich *betätigendes Arbeitsvermögen*, sich zweckmässig *äussernde Arbeitskraft*, die die Produktionsmittel zu gegenständlichen Momenten ihrer Betätigung macht und sie daher aus der ursprünglichen Form ihres Gebrauchswerts in die neue Form desProdukts *verwandelt*. Die Gebrauchswerte selbst machen

daher innerhalb der Arbeitsprozesse einen *wirklichen Verwandlungsprozess* durch, ob dieser nun mechanischer, chemischer, physikalischer Natur sei. Während in der Ware der Gebrauchswert ein gegebenes Ding mit bestimmten Eigenschaften ist, ist er jetzt Verwandlung der als Rohmaterial und Arbeitsmittel funktionierenden Dinge, Gebrauchswerte, vermittelst der sich durch sie und in ihnen betätigenden lebendigen Arbeit, welche eben das Arbeitsvermögen *actu* ist, in einen Gebrauchswert von veränderter Gestalt — das *Produkt.* So zerfällt also die Gestalt, die das Kapital als *Gebrauchswert* im Arbeitsprozess annimmt, *erstens* in die begriffsmässig dirimierten und auf einander
462 bezogenen *Produktionsmittel; zweitens* in || eine begriffsmässige, aus der Natur des Arbeitsprozesses entquillende Diremtion zwischen den *objektiven* Arbeitsbedingungen (den Produktionsmitteln) und den *subjektiven* Arbeitsbedingungen, dem zweckmässig tätigen *Arbeitsvermögen,* d. h. der Arbeit selbst. *Drittens* aber, das Ganze des Prozesses betrachtet, erscheint der Gebrauchswert des Kapitals hier als Gebrauchswert produzierender Prozess, worin die Produktionsmittel dieser spezifischen Bestimmtheit nach als Produktionsmittel des zweckmässig tätigen, ihrer bestimmten Natur entsprechenden, *spezifischen Arbeitsvermögens* funktionieren. Oder der gesamte *Arbeitsprozess* als solcher, in der lebendigen Wechselwirkung seiner objektiven und subjektiven Momente, erscheint als die Gesamtgestalt des Gebrauchswerts, d. h. [als] die *reale* Gestalt des Kapitals im Produktionsprozess.

Der Produktionsprozess des Kapitals ist vor allem, seine reale Seite betrachtet — oder ihn als Prozess betrachtet, der durch nützliche Arbeit mit Gebrauchswerten neue Gebrauchswerte bildet — *wirklicher Arbeitsprozess.* Als solcher sind seine Momente, seine begriffsmässig bestimmten Bestandteile — die des *Arbeitsprozesses* überhaupt, jedes *Arbeitsprozesses*, auf welcher Stufe der ökonomischen Entwicklung und auf Basis welcher Produktionsweise auch immer derselbe vor sich gehe. Da also die reale Gestalt oder die Gestalt der objektiven Gebrauchswerte, worin das *Kapital besteht,* sein materielles Substrat, notwendig die Gestalt von Produktionsmitteln ist — Arbeitsmittel und Arbeitsgegenstand — die zur Produktion neuer Produkte dienen; da ferner im Zirkulationsprozess, in der Form von Waren, also im Besitz des Kapitalisten als des Warenbesitzers, diese Gebrauchswerte schon vorhanden sind (auf dem Markt), bevor sie ihrem spezifischen Zweck gemäss im Arbeitsprozess funktionieren — weil also das Kapital, — soweit es sich in *objektiven* Arbeitsbedingungen darstellt — seinem Gebrauchswert nach aus *Produktionsmitteln*, Rohmaterialien, Hülfsmaterialien und Arbeitsmitteln, Werkzeugen, Baulichkeiten, Maschinen usw. *besteht*, wird daraus der Schluss gezogen, dass alle *Produktionsmittel* δυνάμει, und soweit sie als Produktionsmittel funktionieren, *actu Kapital* sind, daher das Kapital ein notwendiges Moment des *menschlichen Arbeitsprozesses überhaupt*, abgesehn von jeder historischen Form desselben, und daher etwas ewiges und durch die Natur der menschlichen Arbeit Bedingtes ist. Ebenso dass, weil der Produktionsprozess des Kapitals überhaupt *Arbeitsprozess* ist, der *Arbeitsprozess als solcher*, der Arbeitsprozess in allen gesellschaftlichen Formen notwendig *Arbeitsprozess des Kapitals* ist. Das Kapital wird so als ein *Ding* betrachtet, das eine gewisse dingliche Rolle, ihm als Ding zukommende Rolle im Produktionsprozess spielt. Es ist dieselbe Logik, die schliesst, dass weil Geld Gold ist, Gold an und für sich Geld ist, dass weil die Lohnarbeit Arbeit, alle Arbeit notwendig Lohnarbeit ist. Es wird so die *Identität* dadurch bewiesen, dass das allen Produktionsprozessen *Identische* im Unterschied von ihren *spezifischen Unterschieden* festgehalten wird. Die Identität wird dadurch bewiesen, dass vom Unterschied abstrahiert wird. Wir kommen im Verlauf dieses Abschnitts auf diesen entscheidend wichtigen Punkt ausführlicher zurück. Hier vorläufig nur das:

Erstens: Die Waren, die der Kapitalist gekauft hat, um sie als *Produktionsmittel* im Produktionsprozess, resp. Arbeitsprozess zu konsumieren, sind sein Eigentum. Sie sind in der Tat nur sein in Waren verwandeltes Geld und ebenso sehr Dasein seines Kapitals als dies Geld war; ja in noch intensivrer Weise, sofern sie in der Gestalt vorhanden sind, worin sie wirklich als *Kapital* funktionieren, d. h. als Mittel von Wertschöpfung, zur Verwertung des Werts, d. h. zu seiner Vermehrung. Diese Produktionsmittel sind also *Kapital*. Andrerseits hat der Kapitalist mit dem andren Teil der vorgeschossenen Geldsumme Arbeitsvermögen, Arbeiter oder wie in Ch. IV entwickelt, dass dies *erscheint, lebendige Arbeit* gekauft. Diese gehört ihm daher ebensowohl, wie die objektiven Bedingungen des Arbeitsprozesses. Aber dennoch macht sich hier folgender spezifischer Unterschied geltend: Die wirkliche Arbeit ist das, was der Arbeiter dem capitalist wirklich gibt als Equivalent für den in Arbeitslohn verwandelten Teil
463 des Kapitals, für den || Kaufpreis der Arbeit. Es ist die Verausgabung seiner Lebenskraft, die Verwirklichung seiner produktiven Fähigkeiten, seine Bewegung, nicht die des Kapitalisten. Als persönliche Funktion betrachtet, in ihrer Realität, ist die Arbeit die Funktion

des Arbeiters und nicht die des Kapitalisten. Vom Standpunkt des Austauschs betrachtet, ist er das, was der Kapitalist von ihm im Arbeitsprozess erhält, nicht das, als was der Kapitalist ihm im Arbeitsprozess gegenübertritt. Dies bildet also einen Gegensatz zu den objektiven Arbeitsbedingungen, die als Kapital, und sofern als Dasein des Kapitalisten, der subjektiven Arbeitsbedingung, der Arbeit selbst oder vielmehr dem *Arbeiter*, der arbeitet, gegenübertreten innerhalb des Arbeitsprozesses selbst. So kömmt es, dass sowohl vom Standpunkt des Kapitalisten als von dem des Arbeiters aus das *Produktionsmittel* als Dasein des Kapitals, als eminently *capital* der Arbeit, also dem andern Element, worin sich das vorgeschossene Kapital verwandelt, gegenübertritt und daher auch ausserhalb des Produktionsprozesses δυνάμει als spezifische Existenzweise des Kapitals erscheine. Es entwickelt sich dies weiter, wie sich zeigen wird, teils aus der allgemeinen Natur des kapitalistischen Verwertungsprozesses (der Rolle, die darin die Produktionsmittel als Aufsauger von lebendiger Arbeit spielen), teils aus der Entwicklung der spezifisch-kapitalistischen Produktionsweise (worin Maschinerie usw. zum wirklichen Herrscher über die lebendige Arbeit wird). Daher auf Grundlage des kapitalistischen Produktionsprozesses dieses *unzertrennliche Zusammenschmelzen der Gebrauchswerte*, worin das Kapital in der Form von *Produktionsmitteln* existiert, und der Bestimmung dieser Produktionsmittel, dieser *Dinge* als *Kapital*, was ein bestimmtes gesellschaftliches Produktionsverhältnis ist, grade, wie innerhalb dieser Produktionsweise den in ihr Befangnen *Produkt* an und für sich als *Ware* gilt. Dies bildet eine Basis für den Fetischismus der Politischen Oekonomen.

Zweitens: Die Produktionsmittel gehn als bestimmte *Waren*, z. B. als Baumwolle, Kohle, Spindeln usw. aus der Zirkulation in den Arbeitsprozess ein. Sie gehn in der *Gestalt des Gebrauchswerts* ein, die sie hatten, solange sie noch als Waren zirkulierten. In den Prozess eingetreten, funktionieren sie dann mit den ihren Gebrauchswerten entsprechenden, ihnen als Dingen dinglich zukommenden Eigenschaften der Baumwolle als Baumwolle etc. Es verhält sich aber anders mit dem Teil des Kapitals, den wir *variables* nennen, der aber erst durch seinen Austausch gegen *Arbeitsvermögen* in den *variablen Teil des Kapitals* wirklich verwandelt wird. Seiner realen Gestalt nach betrachtet, stellt das *Geld* — dieser Kapitalteil, den der Kapitalist im Ankauf von Arbeitsvermögen verausgabt — *nichts* dar als die auf dem *Markt befindlichen* (oder auf ihn within certain terms geworfenen) *Lebensmittel*, die in die individuelle Konsumtion des Arbeiters eingehn. Das Geld ist nur die verwandelte Form dieser Lebensmittel, die der Arbeiter, sobald er es empfangen hat, rückverwandelt in Lebensmittel. Diese Verwandlung sowohl, wie dann die Konsumtion dieser Waren als Gebrauchswerte, ist ein Prozess, der *unmittelbar* nichts zu tun hat mit dem unmittelbaren Produktionsprozess, näher Arbeitsprozess, vielmehr ausserhalb denselben fällt. Der eine Teil des Kapitals und dadurch das Gesamtkapital, wird ja eben dadurch in eine *variable Grösse* verwandelt, dass statt des *Gelds*, einer konstanten Wertgrösse, oder der *Lebensmittel*, worin es sich darstellen kann, ebenfalls konstanten Wertgrössen, umgekehrt ein Element eingetauscht wird, *lebendige Arbeitsvermögen*, das wertschaffend ist und das als wertschöpfendes Element grösser oder kleiner sein kann, sich als variable Grösse darstellen kann, überhaupt in allen Umständen nur als eine *fliessende*, *werdende* — und daher within different limits enthaltne — werdende *Grösse* statt einer *gewordenen* als Faktor in den Produktionsprozess eintritt. Nun kann zwar in der Wirklichkeit der Konsum der Lebensmittel durch die Arbeiter selbst so im Arbeitsprozess einbegriffen sein (eingeschlossen sein), wie der Konsum von matières instrumentales durch die Maschinen z. B. in dieselben eingeschlossen ist, so dass der Arbeiter nur als von dem Kapital gekauftes Instrument erscheint, das zu seiner Funktion im Arbeitsprozess des Konsums, des Zusatzes einer gewissen Portion Lebensmittel als seiner matières instrumentales bedarf. Es findet dies mehr oder minder statt je nach dem Umfang und der Brutalität der Exploitation des Arbeiters. Indes ist es begrifflich nicht in dieser engen Weise (das weitere sehn wir *ad* [*2*]* bei der Reproduktion des ganzen Verhältnisses) in dem Kapitalverhältnis enthalten. Im Durchschnitt verzehrt der Arbeiter seine Lebensmittel während der *Unterbrechung* des unmittelbaren Arbeitsprozesses, während die *Maschine* die ihrigen *während ihres Funktionierens* verzehrt (Tier?). Dann aber, die ganze Arbeiterklasse betrachtet, wird ein Teil dieser Lebensmittel von Familiengliedern verzehrt, die noch nicht, oder nicht mehr arbeiten. In der Tat kann sich in der Praxis der Unterschied zwischen einem Arbeiter und einer Maschine auf den zwischen Tier und Maschine, quoad matières instrumentales, und deren Konsum reduzieren. Doch ist dies nicht notwendig und gehört daher nicht in die Begriffsbestimmung des Kapitals. Jedenfalls erscheint formell der in Arbeitslohn ausgelegte Teil des Kapitals als ein *nicht mehr* dem Kapitalisten,

---

* [Im Manuskript:] 3. [Siehe unsere Note S. 4. *D. Red.*]

sondern dem *Arbeiter* gehöriger Teil, sobald er seine reale Gestalt, die der in den Konsum des Arbeiters eingehenden Lebensmittel angenommen hat. Die *Gestalt des Gebrauchswerts,* die er also als Ware vor seinem Eingehn in den Produktionsprozess hat — als *Lebensmittel* — ist also durchaus verschieden von der Gestalt, die er annimmt *innerhalb* dieses Prozesses und welche die der sich *werktätig äussernden Arbeitskraft,* daher der lebendigen Arbeit selbst ist. Dies unterscheidet also diesen Teil des Kapitals spezifisch von dem
464 || in der Gestalt der Produktionsmittel vorhandenen und dies ist wieder ein Grund, warum auf Grundlage der kapitalistischen Produktionsweise, die *Produktionsmittel* im eminenten Sinn und im *Unterschied* von und *Gegensatz* zu den *Lebensmitteln* als an und für sich *Kapital* erscheinen. Dieser Schein löst sich — von später zu Entwickelndem abgesehn — einfach dadurch auf, dass die *Form des Gebrauchswerts,* worin das Kapital am Schluss des Produktionsprozesses existiert, die des *Produkts* ist und dieses Produkt sowohl in der Form von *Produktionsmitteln* als *Lebensmitteln* existiert, beide also gleichmässig als *Kapital* vorhanden und daher auch im Gegensatz zum lebendigen Arbeitsvermögen vorhanden sind.

Kommen wir nun zum *Verwertungsprozess.*

Mit Bezug auf den *Tauschwert* zeigt sich wieder der Unterschied zwischen der *Ware* und dem im Verwertungsprozess begriffenen Kapital.

Der *Tauschwert* des in den Produktionsprozess eintretenden Kapitals ist kleiner als der Tauschwert des auf den Markt geworfenen oder vorgeschossenen Kapitals war — denn es ist nur der *Wert der Waren,* die als Produktionsmittel in den Prozess treten — d. h. der Wert des *konstanten* Kapitalteils, der in den Produktionsprozess als *Wert* eintritt. Statt dem *Wert* des variablen Kapitalteils haben wir jetzt die *Verwertung* als Prozess, die in actu der Verwertung begriffene Arbeit, die sich beständig als Wert realisiert, aber auch fliessend über die gesetzten Werte zu einer Wertschöpfung fortgeht.

Was nun zunächst die Erhaltung des *alten Werts* betrifft, des Wertteils des konstanten Teils, so hängt diese davon ab: dass der *Wert* der in den Prozess eintretenden Produktionsmittel nicht grösser ist als nötig, also die Waren, woraus sie bestehen, nur die zum Produktionszweck *gesellschaftlich notwendige Arbeitszeit* vergegenständlicht enthalten, z. B. die Baulichkeiten, die Maschinerie etc., und es ist dies Sache des Kapitalisten beim Einkauf dieser Produktionsmittel darauf zu sehn, dass sie die zur Bildung des Produkts dem average entsprechende Güte als Gebrauchswerte haben, sei es als Rohmaterial, sei es als Maschinen etc., also mit der average Güte funktionieren und der Arbeit, dem lebendigen Faktor, keine ungewöhnlichen Hindernisse entgegensetzen, z. B. Güte des Rohmaterials, wozu auch gehört, dass die angewandte Maschinerie etc. nicht mehr als den average déchet an die Waren abgibt etc. Alles dies ist Sache des Kapitalisten. Aber ferner hängt die Erhaltung des Werts des konstanten Kapitals davon ab, dass es möglichst nur produktiv konsumiert, nicht vergeudet wird, weil sonst ein grösserer Teil vergegenständlichter Arbeit im Produkt enthalten wäre, als *gesellschaftlich notwendig* ist. Zum Teil hängt dies von den Arbeitern selbst ab, und hier beginnt die *Aufsicht des Kapitalisten*. (Durch task work, Lohnabzüge weiss er sich dies zu sichern). Ferner, dass die Arbeit ordentlich, zweckgemäss verrichtet wird, die Verwandlung der Produktionsmittel in Produkt sachgemäss vor sich geht, der als Zweck vorschwebende Gebrauchswert als Resultat wirklich herauskommt in *gelungener* Form. Hier tritt wieder die *Aufsicht* und *Disziplin* des Kapitalisten ein. Endlich dass der Produktionsprozess nicht gestört, nicht unterbrochen wird und wirklich zum Produkt fortgeht in der durch die Natur des Arbeitsprozesses und seiner gegenständlichen Bedingungen gegebenen Frist (Zeitraum). Es hängt dies teils von der *Kontinuität der Arbeit* ab, welche mit der kapitalistischen Produktion eintritt. Teils aber von äussern unkontrollierbaren Zufällen. In sofern tritt mit jedem Produktionsprozess ein Risiko für die in ihn eingehenden Werte ein, ein Risiko, dem sie 1) aber auch *ausserhalb* des Produktionsprozesses unterliegen und das 2) *jedem* Produktionsprozess, nicht nur dem des Kapitals, eigen ist. (Das Kapital schützt sich dagegen durch *Assoziierung*. Der mit seinen eignen Produktionsmitteln arbeitende unmittelbare Produzent ist demselben Risiko unterworfen. Es ist dies nichts dem kapitalistischen Produktionsprozess Eigentümliches. Wenn in der kapitalistischen Produktion dies Risiko auf den Kapitalisten fällt, so nur weil er das Eigentum an den Produktionsmitteln usurpiert hat).

Was aber nun den lebendigen Faktor des Verwertungsprozesses betrifft, so ist 1) der *Wert* des variablen Kapitals dadurch zu erhalten, dass er ersetzt wird, reproduziert wird, d. h. dass den Produktionsmitteln ein so grosses Quantum Arbeit zugesetzt wird als der Wert des variablen Kapitals oder des Arbeitslohns betrug; 2) ein *Increment* seines Werts, Mehrwert zu schaffen, dadurch dass ein Ueberschuss von Arbeitsquantum über das im Arbeitslohn enthaltene, ein *zusätzliches Arbeitsquantum* im Produkt vergegenständlicht wird.

Darin entspricht der Unterschied zwischen dem *Gebrauchswert* des vorgeschossenen Kapitals oder der Waren, worin es existiert,
465 und der *Gestalt des Gebrauchswerts des Kapitals* im|| Arbeitsprozess, dem *Unterschied* zwischen dem *Tauschwert* des vorgeschossenen Kapitals und der Erscheinung des *Tauschwerts* des Kapitals im Verwertungsprozess, dass *dort* das Produktionsmittel, das konstante Kapital, in derselben *Gebrauchswertform* in den Prozess tritt, die die Waren, woraus es besteht, vorher hatten, während an die Stelle der fertigen *Gebrauchswerte,* woraus das variable Kapital bestand, der lebendige Faktor der in neuen Gebrauchswerten sich verwertenden Arbeitskraft, realen Arbeit tritt, und dass *hier* der *Wert* der Produktionsmittel, des konstanten Kapitals, als solcher in den Verwertungsprozess tritt, während der *Wert* des variablen Kapitals garnicht in denselben eintritt, sondern ersetzt wird durch die wertschöpferische Tätigkeit, als Verwertungsprozess existierende Tätigkeit des lebendigen Faktors tritt.

Damit die *Arbeitszeit* des Arbeiters im Verhältnis zu ihrer Dauer Wert setze, muss sie *gesellschaftlich notwendige Arbeitszeit* sein. D. h. der Arbeiter muss in einer bestimmten Zeit das *normal gesellschaftliche* Quantum zweckmässiger Arbeit verrichten, und der Kapitalist zwingt ihn daher, dass seine Arbeit wenigstens den normal gesellschaftlichen *Durchschnittsgrad* von Intensivität besitze. Er wird so viel wie möglich sie über dies *Minimum* zu steigern suchen und in einer gegebenen Zeit so viel Arbeit als möglich aus ihm zu extrahieren suchen, denn jede Intensivität der Arbeit über den *Durchschnittsgrad* schafft ihm Mehrwert. Er wird ferner den Arbeitsprozess so viel wie möglich zu verlängern suchen über die Schranken hinaus, die gearbeitet werden muss, um den Wert des variablen Kapitals, den Arbeitslohn, zu ersetzen. Bei gegebener Intensivität des Arbeitsprozesses wird er seine Dauer, bei gegebener Dauer desselben seine Intensivität möglichst zu vermehren streben. Der Kapitalist *zwingt* den Arbeiter seiner Arbeit den Normalgrad von Intensivität, womöglich einen höheren Grad zu geben und er zwingt ihn, so viel wie möglich seinen Arbeitsprozess über die zur Ersetzung des Arbeitslohns nötige Zeitdauer zu verlängern.

Durch diesen eigentümlichen Charakter des kapitalistischen Verwertungsprozesses erhält auch die *reale Gestalt* des Kapitals im Produktionsprozess, seine *Gestalt als Gebrauchswert*, weitere Modifikation. *Erstens* müssen die Produktionsmittel in einer *Masse* vorhanden sein, die hinreichend ist nicht nur für die Absorption der notwendigen Arbeit, sondern auch für die der Surplusarbeit. *Zweitens* verändert sich die Intensivität und Extension des realen Arbeitsprozesses.

Die Produktionsmittel, die der Arbeiter anwendet im wirklichen Arbeitsprozess, sind zwar das Eigentum des Kapitalisten und treten seiner Arbeit, die seine eigne Lebensäusserung ist, so, wie früher entwickelt, als *Kapital* gegenüber. Aber andrerseits ist er es, der sie in seiner Arbeit anwendet. Im wirklichen Arbeitsprozess *vernutzt* er die Arbeitsmittel als Leiter seiner Arbeit, und den Arbeitsgegenstand als die Materie, worin sich seine Arbeit darstellt. Er verwandelt eben dadurch die Produktionsmittel in die zweckgemässe Form des Produkts. Anders stellt sich aber die Sache vom Standpunkt des Verwertungsprozesses dar. Es ist nicht der Arbeiter, der die Produktionsmittel, sondern es sind die Produktionsmittel, die den Arbeiter anwenden. Es ist nicht die lebendige Arbeit, die sich in der gegenständlichen als ihrem objektiven Organ verwirklicht, sondern es ist die gegenständliche Arbeit, die sich durch Einsaugen der lebendigen erhält und vermehrt, und dadurch zum *sich verwertenden Wert*, zum *Kapital* wird, als solches funktioniert. Die Produktionsmittel erscheinen nur noch als *Einsauger* eines möglichst grossen Quantums lebendiger Arbeit. Die lebendige Arbeit erscheint nur noch als das Mittel der Verwertung vorhandener Werte und daher ihrer Kapitalisierung. Und abgesehn von dem früher Entwickelten, erscheinen gerade deswegen wieder die Produktionsmittel éminemment der lebendigen Arbeit gegenüber als Dasein des *Kapitals*, und zwar jetzt als Herrschaft der vergangnen, toten Arbeit über die lebendige. Grade als *wertbildend* wird die lebendige Arbeit fortwährend in den Verwertungsprozess der vergegenständlichten einverleibt. Als Anstrengung, als Verausgabung von Lebenskraft, ist die Arbeit die persönliche Tätigkeit des Arbeiters. Aber als *wertbildend*, als im *Prozess ihrer Vergegenständlichung* begriffen, ist die Arbeit des Arbeiters, sobald er in den Produktionsprozess eingetreten, selbst eine *Existenzweise* des Kapitalwerts, ihm einverleibt. Diese *werterhaltende* und *Neuwert* schaffende Kraft ist daher die Kraft des Kapitals und jener Prozess erscheint als der Prozess seiner *Selbstverwertung* und vielmehr der Verarmung des Arbeiters, der den von ihm geschaffenen Wert zugleich als *ihm selbst fremden Wert* schafft.

406 || Auf Grundlage der kapitalistischen Produktion erscheint diese Fähigkeit der vergegenständlichten Arbeit, sich in *Kapital* zu verwandeln, d. h. die Produktionsmittel zu verwandeln in Mittel des Kommandos über und die Exploitation von lebendiger Arbeit, als ihnen an und

für sich zukommend (wie sie ja δυνάμει damit auf dieser Basis verbunden ist), unzertrennbar von ihnen, daher als *Eigenschaft, die ihnen als Dingen, als Gebrauchswerten, als Produktionsmitteln* zukommt. Diese erscheinen daher an und für sich als *Kapital* und das Kapital daher, welches ein *bestimmtes Produktionsverhältnis* ausdrückt, ein bestimmtes gesellschaftliches Verhältnis, worin innerhalb der Produktion die Besitzer der Produktionsbedingungen zu den lebendigen Arbeitsvermögen treten als ein *Ding*, ganz wie der Wert als Eigenschaft eines Dings und die *ökonomische Bestimmung* des Dings als *Ware*, als seine dingliche Qualität erschien, ganz wie die gesellschaftliche Form, welche die Arbeit im Geld erhielt, sich als *Eigenschaften eines Dings* darstellte. 2) In der Tat ist die Herrschaft der Kapitalisten über die Arbeiter nur die Herrschaft der verselbständigten, dem Arbeiter gegenüber verselbständigten *Arbeitsbedingungen* (wozu ausser den objektiven Bedingungen des Produktionsprozesses — den *Produktionsmitteln* — auch die objektiven Bedingungen der Erhaltung und Wirksamkeit der Arbeitskraft, also die *Lebensmittel* gehören) über den *Arbeiter* selbst, obgleich dies Verhältnis sich erst verwirklicht im *wirklichen Produktionsprozess*, der wie wir gesehn, wesentlich *Produktionsprozess von Mehrwert* ist, was die Erhaltung des alten Werts einschliesst, *Selbstverwertungsprozess des vorgeschossenen Kapitals* ist. In der Zirkulation treten sich Kapitalist und Arbeiter nur als *Warenverkäufer* gegenüber, aber durch die spezifisch polarische Natur der Sorten von Waren, die sie einander verkaufen, tritt der Arbeiter notwendig in den Produktionsprozess ein als Bestandteil des *Gebrauchswerts*, des *realen Daseins*, und des *Wertdaseins* des Kapitals, obgleich sich erst *innerhalb* des Produktionsprozesses dies Verhältnis verwirklicht und der als Käufer von Arbeit nur δυνάμει existierende Kapitalist erst zum *wirklichen Kapitalisten* wird, wenn der durch den Verkauf seines Arbeitsvermögens *eventualiter* in *Lohnarbeiter* verwandelte Arbeiter in jenem Prozess erst *wirklich* unter das Kommando des Kapitals tritt. Die *Funktionen*, die der Kapitalist ausübt, sind nur die mit *Bewusstsein* und *Willen* ausgeübten Funktionen des Kapitals — des sich verwertenden Werts durch Einsaugung der lebendigen Arbeit — selbst. Der Kapitalist funktioniert nur als *personifiziertes* Kapital, das Kapital als Person, wie der Arbeiter nur als die personifizierte *Arbeit*, die ihm als Qual, als Anstrengung, die aber dem Kapitalisten als Reichtum schaffende und vermehrende Substanz gehört, wie sie als solche in der Tat als dem Kapital im Produktionsprozess einverleibtes Element, sein lebendiger, variabler Faktor erscheint. Die Herrschaft des

Kapitalisten über den Arbeiter ist daher die Herrschaft der Sache über den Menschen, der toten Arbeit über die lebendige, des Produkts über den Produzenten, da ja in der Tat die Waren, die zu Herrschaftsmitteln (aber bloss als Mittel der Herrschaft des *Kapitals* selbst) über die Arbeiter werden, blosse Resultate des Produktionsprozesses, *die* Produkte desselben sind. Es ist dies ganz *dasselbe* Verhältnis in der materiellen Produktion, im wirklichen Gesellschaftlichen Lebensprozess — denn dies ist der Produktionsprozess — welches sich auf dem ideologischen Gebiet in der *Religion* darstellt, die Verkehrung des Subjekts in das Objekt und umgekehrt. *Historisch* betrachtet erscheint diese Verkehrung als der notwendige Durchgangspunkt, um die Schöpfung des Reichtums als solchen, d. h. der rücksichtslosen Produktivkräfte der gesellschaftlichen Arbeit, welche allein die materielle Basis einer freien menschlichen Gesellschaft bilden können, auf Kosten der Mehrzahl zu erzwingen. Es muss durch diese gegensätzliche Form durchgangen werden, ganz wie der Mensch seine Geisteskräfte zunächst sich als unabhängige Mächte gegenüber religiös gestalten muss. Es ist der *Entfremdungsprozess* seiner eigenen Arbeit. Insofern steht hier der Arbeiter von vornherein höher als der Kapitalist, als der letztere in jenem Entfremdungsprozess wurzelt und in ihm seine absolute Befriedigung findet, während der Arbeiter als sein Opfer von vorn herein dagegen in einem rebellischen Verhältnis steht und ihn als Knechtungsprozess empfindet. Soweit der Produktionsprozess zugleich wirklicher Arbeitsprozess ist und der Kapitalist als *Aufseher* und *Leiter* desselben eine Funktion in der wirklichen Produktion zu verrichten hat, bekömmt
467 seine Tätigkeit|| in der Tat einen spezifischen, mannigfaltigen Inhalt. Aber der *Arbeitsprozess* selbst erscheint nur als *Mittel* des *Verwertungsprozesses*, ganz wie der Gebrauchswert des Produkts nur als Träger seines Tauschwerts. Die Selbstverwertung des Kapitals — die Schöpfung von Mehrwert — ist also der bestimmende, beherrschende und übergreifende Zweck des Kapitalisten, der absolute Trieb und Inhalt seines Tuns, in der Tat nur der rationalisierte Trieb und Zweck des Schatzbildners, — ein durchaus armseliger und abstrakter Inhalt, der den Kapitalisten von einer andern Seite ganz ebenso sehr unter der Knechtschaft des Kapitalverhältnisses erscheinen lässt, wenn auch von anderer Seite her, auf dem entgegengesetzten Pol, als den Arbeiter.

Das ursprüngliche Verhältnis, worin der would be capitalist Arbeit kauft (nach Ch. IV können wir so sagen statt Arbeitsvermögen) vom Arbeiter, um einen Geldwert zu kapitalisieren, und der Arbeiter die Disposition über sein Arbeitsvermögen, seine Arbeit verkauft, um sein Leben zu fristen, ist die notwendige Einleitung und Bedingung — enthält an sich in sich — das nun im wirklichen Produktionsprozess entwickelte Verhältnis, worin der Warenbesitzer zum capitalist, zum personifizierten Kapital und der Arbeiter zur blossen Personifikation der Arbeit für das Kapital wird. Wie jenes erste Verhältnis, worin beide sich scheinbar als *Warenbesitzer* gegenübertreten, die Voraussetzung, so ist es, wie wir später sehn werden, das Resultat und Produkt des kapitalistischen Produktionsprozesses. Aber danach müssen beide Akte auseinandergehalten werden. Der erste gehört der Zirkulation an. Der zweite entwickelt sich auf Basis des ersten erst im wirklichen Produktionsprozess.

Der Produktionsprozess ist *unmittelbare* Einheit von Arbeitsprozess und Verwertungsprozess, wie sein unmittelbares Resultat, die Ware, *unmittelbare* Einheit von Gebrauchswert und Tauschwert ist. Aber der Arbeitsprozess ist nur Mittel des Verwertungsprozesses und der Verwertungsprozess ist als solcher wesentlich *Produktion von Mehrwert,* d. h. *Vergegenständlichungsprozess unbezahlter Arbeit.* Dadurch ist der Gesamtcharakter des Produktionsprozesses spezifisch bestimmt.

Wenn wir den Produktionsprozess unter zwei verschiedenen Gesichtspunkten betrachten 1) als *Arbeitsprozess*, 2) als *Verwertungsprozess*, so liegt schon darin, dass er nur ein einziger, unteilbarer Arbeitsprozess ist. Es wird nicht doppelt gearbeitet, einmal um ein zweckgemässes Produkt, einen Gebrauchswert zu schaffen, die Produktionsmittel in Produkte zu *verwandeln,* und das andermal, um *Wert* und *Mehrwert* zu schaffen, um den *Wert zu verwerten*. Die Arbeit wird nur in ihrer bestimmten, konkreten, spezifischen Form, Weise, Existenzweise zugesetzt, worin sie die zweckbestimmte Tätigkeit ist, die die Produktionsmittel in ein bestimmtes Produkt, Spindel und Baumwolle z. B. in *Garn,* verwandelt. Es ist nur Spinnarbeit etc., die zugesetzt wird und die durch ihre Zusetzung fortwährend mehr Garn produziert. Wertsetzend ist diese *reale* Arbeit, soweit sie einen normalen bestimmten Grad von Intensivität besitzt (oder nur *zählt*, soweit sie ihn besitzt) und soweit diese *reale Arbeit* von gegebener Intensivität in bestimmten, durch die Zeit gemessenen Quantitäten, sich im Produkt materialisiert. *Hörte der Arbeitsprozess auf* bei dem Punkt, wo das Quantum der in der Form des Spinnens etc. zugesetzten Arbeit = dem Quantum der im Arbeitslohn enthaltenen Arbeit, so würde kein

Mehrwert produziert. Der *Mehrwert* stellt sich daher auch dar in einem *Mehrprodukt*, hier als Quantum Garn überschüssig über das Quantum, dessen Wert = dem Wert des Arbeitslohns. Als Verwertungsprozess erscheint der Arbeitsprozess daher dadurch, dass die in ihm zugesetzte konkrete Arbeit ein Quantum *gesellschaftlich notwendiger Arbeit* ist (durch seine Intensivität), = einem gewissen Quantum gesellschaftlicher Durchschnittsarbeit gesetzt ist und dadurch, dass dies Quantum ausser dem im Arbeitslohn enthaltenen ein *zuschüssiges* Quantum darstellt. Es ist die *quantitative* Berechnung der besonderen konkreten Arbeit als *notwendiger gesellschaftlicher Durchschnittsarbeit*, eine Berechnung, der aber das reale Moment erstens der normalen Intensivität der Arbeit (dass zur Herstellung eines bestimmten Quantums Produkts nur die dazu gesellschaftlich notwendige Arbeitszeit verwandt wird) und der Verlängerung des Arbeitsprozesses über seine zum Ersatz des Werts des variablen Kapitals notwendige *Dauer* entspricht.

468 || Aus dem früher Entwickelten folgt, dass der Ausdruck «*vergegenständlichte Arbeit*» und der Gegensatz von *Kapital* als *vergegenständlichter Arbeit* zur *lebendigen Arbeit* grosser Missdeutung fähig ist.

Ich habe bereits früher [3] gezeigt, dass die Analyse der Ware auf «*Arbeit*» bei allen bisherigen Oekonomen zweideutig und unvollständig ist. Es genügt nicht sie auf «Arbeit» zu reduzieren, sondern auf *Arbeit* in der Doppelform, worin sie sich einerseits als *konkrete Arbeit* im *Gebrauchswert der Waren* darstellt, andrerseits als *gesellschaftlich notwendige* Arbeit im *Tauschwert* berechnet wird. Vom ersten Gesichtspunkt hängt alles von ihrem besonderen Gebrauchswert, ihrem spezifischen Charakter ab, der eben dem von ihr geschaffenen Gebrauchswert den spezifischen Stempel aufdrückt und ihn zu einem konkreten Gebrauchswert im Unterschied von andern, zu diesem bestimmten Artikel macht. Dagegen wird von ihrer besondern Nützlichkeit, ihrer bestimmten Natur und Art und Weise ganz und gar abstrahiert, soweit sie als *Wertbildendes* Element berechnet und die Ware als ihre Vergegenständlichung berechnet wird. Als solche ist sie unterschiedlose, *gesellschaftlich notwendige*, *allgemeine* Arbeit, ganz und gar gleichgültig gegen jeden besonderen Inhalt, weshalb [sie] auch an ihrem selbständigen Ausdruck, dem *Geld*, an der Ware als *Preis*, einen allen Waren gemeinschaftlichen und nur durch Quantität unterscheidbaren Ausdruck

[3] Ohne die Verwirrung war überhaupt der Streit nicht möglich, ob ausser der Arbeit nicht auch die Natur zum Produkt kontribuiere. Dies bezieht sich nur auf die *konkrete* Arbeit.

erhält. Nach der erstren Seite stellt sich die Sache im bestimmten *Gebrauchswert* der Ware, ihrer bestimmten *dinglichen Existenz*, nach der zweiten im *Geld* dar, ob dies nun als Geld, oder als blosses Rechengeld im Preise der Ware existiere. Nach der ersten Seite handelt es sich ausschliesslich um die *Qualität*, nach der zweiten bloss um die *Quantität* der Arbeit. Nach der ersten Seite stellt sich der Unterschied der konkreten Arbeit in der Teilung der Arbeit, nach der zweiten in ihrem unterschiedlosen Geldausdruck dar. Innerhalb des Produktionsprozesses nun tritt uns dieser Unterschied *aktiv* entgegen. Es sind nicht mehr wir, die ihn machen, sondern er wird im Produktionsprozess selbst gemacht.

Der Unterschied von *vergegenständlichter Arbeit* und *lebendiger* stellt sich im *realen Arbeitsprozess* dar. Die Produktionsmittel, z. B. Baumwolle und Spindel etc., sind Produkte, Gebrauchswerte, worin bestimmte nützliche, konkrete Arbeiten, Maschinenbau, Baumwollepflanzen usw. *verkörpert* sind, während die *Spinnarbeit* im Prozess als eine von den in den Produktionsmitteln enthaltenen Arbeiten nicht nur spezifisch verschiedene Arbeit erscheint, sondern als lebendige Arbeit, sich erst verwirklichende und ihr Produkt beständig von sich abstossende Arbeit im Gegensatz zu jenen bereits in ihren eigentümlichen Produkten vergegenständlichten Arbeiten erscheint. Auch von diesem Standpunkt aus stellt sich ein Gegensatz zwischen der einen Seite als vorhandenem Dasein des Kapitals und der lebendigen Arbeit als zunächst Lebensausgabe des Arbeiters dar. Ferner im Arbeitsprozess tritt die vergegenständlichte Arbeit als das *gegenständliche Moment*, Element, für die *Verwiclixkhung der lebendigen Arbeit* auf.

Ganz anders jedoch erscheint die Sache, sobald der Verwertungsprozess, die Bildung und Schaffung von Neuwert betrachtet wird.

Die Arbeit, die hier enthalten ist in den Produktionsmitteln, ist ein *bestimmtes Quantum allgemeiner gesellschaftlicher Arbeit* und stellt sich daher dar in einer gewissen *Wertgrösse* oder *Geldsumme*, in fact dem *Preise* dieser Produktionsmittel dar. Die Arbeit, die zugesetzt wird, ist ein *bestimmtes zusätzliches Quantum allgemeiner gesellschaftlicher Arbeit* und stellt sich dar als zusätzliche *Wertgrösse* und *Geldsumme*. Die in den Produktionsmitteln bereits enthaltene Arbeit ist dieselbe wie die neu zugesetzte. Sie unterscheiden sich nur dadurch, dass die eine *vergegenstendlicht* ist in Gebrauchswerten und die andre im Prozess dieser *Vergegenständlichung* begriffen, die eine vergangen, die andre gegenwärtig, die eine tot, die andre lebendig, die eine *vergegenständlicht* im Perfektum, die andre sich *vergegenständlichend* im Präsens

ist. Im Umfang, worin die vergangene Arbeit lebendige ersetzt, wird sie selbst ein Prozess, *verwertet sie sich,* wird sie ein Fluens, das eine Fluxion schafft. Dieses ihr Einsaugen zusätzlicher lebendiger Arbeit ist ihr *Selbstverwertungsprozess*, ihre wirkliche *Verwandlung*
469 *in Kapital,* || in sich selbst verwertenden Wert, ihre Verwandlung aus einer *konstanten Wertgrösse* in eine variable und *prozessierende* Wertgrösse. Allerdings kann diese zusätzliche Arbeit nur in der Gestalt konkreter Arbeit und daher den Produktionsmitteln nur in ihrer spezifischen Gestalt als besonderen Gebrauchswerten zugesetzt werden und wird auch der in diesen Produktionsmitteln enthaltene Wert nur durch ihren Konsum als Arbeitsmittel durch die konkrete Arbeit *erhalten.* Dies schliesst jedoch nicht aus, dass der *vorhandene Wert,* die in den Produktionsmitteln *vergegenständlichte* Arbeit sich nicht nur über ihr eignes Quantum, sondern auch über das Quantum der im variablen Kapital vergegenständlichten Arbeit einzig und allein vermehrt, und in dem Grade vermehrt, als sie lebendige Arbeit einsaugt, und diese sich selbst vergegenständlicht als *Geld*, als *allgemein gesellschaftliche Arbeit.* Es ist daher eminently in diesem Sinn, — der sich auf den *Verwertungsprozess*, den eigentlichen Zweck der kapitalistischen Produktion bezieht — dass das Kapital als *vergegenständlichte* Arbeit (accumulated labour, pre-existent labour and so forth) der *lebendigen* Arbeit (immediate labour etc.) gegenübertritt und von den Oekonomen gegenübergestellt wird. Doch fallen sie hier beständig in Widersprüche und Zweideutigkeit — selbst Ricardo — weil sie die Analyse der Ware auf Arbeit in Doppelform nicht klar herausgearbeitet haben.

Durch den ursprünglichen Austauschprozess zwischen Kapitalist und Arbeiter — als Warenbesitzer — tritt nur der lebendige Faktor, das Arbeitsvermögen, als ein Moment der realen Gestalt des Kapitals in den Produktionsprozess ein. Aber erst im Produktionsprozess selbst verwandelt sich die *vergegenständlichte Arbeit* durch Einsaugung der lebendigen Arbeit in *Kapital* und *verwandelt sich daher die Arbeit in Kapital.* *

* [Hier machte Marx den Vermerk:] *Note* [und folgenden Hinweis:]
Das von *P. 96 bis 107* unter der Rubrik: «*Der unmittelbare Produktionsprozess*» Beigebrachte, gehört hierher, ist mit dem vorherigen to blend und beides durch einander to rectify. Ditto gehört hierher p. 262—64 dieses Buchs. Gemäss dieser Anweisung bringen wir die beiden erwähnten Abschnitte an dieser Stelle. Aenderungen («beides durch einander to rectify») wurden nicht vorgenommen. Die einzufügenden Seiten (ursprünglich S. 96—107) wurden von Marx nachträglich umnumeriert in 469a—469 m. Der einzufügende Text, auf S. 469a (96) befindlich, beginnt mit einem von Marx ausgemerzten (vierfach schräg durchgestrichenen Absatz, der eine Fortsetzung des Textes der uns nicht vorliegenden ursprünglichen Seiten 1—95 bildete. Am Kopf der Seite schrieb Marx:] *Das ge-*

469a || Der kapitalistische Produktionsprozess ist Einheit von Arbeitsprozess und Verwertungsprozess. Um Geld in Kapital zu verwandeln, wird es in Waren verwandelt, welche *Faktoren des Arbeitsprozesses* bilden. Man muss mit dem Geld erst *Arbeitsvermögen* und zweitens *Sachen* kaufen, ohne die Arbeitsvermögen nicht *verbraucht* werden, d. h. nicht *arbeiten* kann. Innerhalb des *Arbeitsprozesses* haben diese Sachen keinen Sinn ausser als *Lebensmittel der Arbeit, Gebrauchswerte der Arbeit* zu dienen — in Bezug auf die lebendige Arbeit selbst ihr Material und Mittel, in Bezug auf das Produkt der Arbeit seine Produktionsmittel, in Bezug darauf, dass diese Produktionsmittel selbst schon Produkte sind, Produkte als Produktionsmittel eines neuen Produkts. Aber diese Sachen spielen diese Rolle nicht im Arbeitsprozess, weil der Kapitalist sie kauft, weil sie die verwandelte Form seines Geldes sind, sondern er kauft sie umgekehrt, weil sie diese Rolle im Arbeitsprozess spielen. Für den Spinnprozess als solchen ist es z. B. gleichgültig, dass Baumwolle und Spindel das Geld des Kapitalisten, also *Kapital vorstellen*, dass das verausgabte Geld seiner Bestimmung nach Kapital ist. Arbeitsmaterial und Arbeitsmittel werden sie nur in der Hand des arbeitenden Spinners, und sie werden es dadurch, dass er spinnt, nicht weil er Baumwolle, die einer andern Person gehört, mit einer Spindel, die derselben andern Person gehört, in Garn für dieselbe andre Person verspinnt. Dadurch, dass Waren im Arbeitsprozess verbraucht oder produktiv konsumiert werden, werden sie nicht Kapital, sondern Elemente des Arbeitsprozesses. Sofern diese gegenständlichen Elemente des Arbeitsprozesses vom Kapitalisten gekauft sind, stellen sie sein Kapital vor. Aber dies gilt auch von der Arbeit. Sie stellt auch sein Kapital vor, denn dem Käufer des Arbeitsvermögens gehört die Arbeit ebensowohl wie die von ihm gekauften gegenstäntdlichen Bedingungen der Arbeit. Und nicht nur die einzelnen Elemente des

---

hört zu p. 496 [(irrtümlich für: p. 469). Der auf den getilgten Absatz folgende nicht durchgestrichene Text trägt die in diesem Zusammenhang hinfällige Ueberschrift:] *6. Der unmittelbare Produktionsprozess.*

[Der Text des ausgemerzten Absatzes lautet:]

[469a] [...]||denn das Kapital, womit das Arbeitsvermögen gekauft wird, besteht in der Tat in Lebensmitteln, obgleich diese Lebensmittel dem Arbeiter vermittelst des Geldes übermacht werden. Er könnte auch mit den Anhängern des Monetarsystems auf die Frage, was ist Kapital? antworten, *Kapital* ist *Geld*, denn wenn das Kapital im Arbeitsprozess stofflich in der Form von Rohmaterialien, Arbeitsinstrumenten usw. existiert, existiert es im Zirkulationsprozess in der Form von Geld. So hätte ein antiker Oekonom auf die Frage, was ist ein Arbeiter? mit derselben Logik antworten müssen: Ein Arbeiter ist ein Sklave (weil der Sklave der Arbeiter des antiken Arbeitsprozesses war). [*D. Red.*]

Arbeitsprozesses, der ganze Arbeitsprozess gehört ihm. Das Kapital, das früher in der Form von Geld, existiert jetzt in der Form des Arbeitsprozesses. Weil sich das Kapital des Arbeitsprozesses bemächtigt hat, der Arbeiter daher für den Kapitalisten statt für sich selbst arbeitet, verändert der Arbeitsprozess jedoch nicht seine *allgemeine Natur.* Weil Geld bei seiner Verwandlung in Kapital sich in die Faktoren des Arbeitsprozesses verwandelt, also notwendig auch die Gestalt von Arbeitsmaterial und Arbeitsmitteln annimmt, werden Arbeitsmaterial und Arbeitsmittel nicht von Natur *Kapital*, so wenig wie Gold und Silber von Natur *Geld* werden, weil Geld sich u. a. in Gold und Silber darstellt. Dieselben modernen Oekonomen jedoch, die über die Einfalt des Monetarsystems lachen, wenn es auf die Frage: Was ist Geld? antwortet: Gold und Silber ist Geld, entblöden sich nicht auf die Frage, was ist Kapital ? zu antworten: Kapital ist Baumwolle. Sie sagen nichts andres, wenn sie erklären, dass Arbeitsmaterial und Arbeitsmittel, Produktionsmittel oder Produkte, die zur Neuproduktion verwandt werden, kurz dass die *gegenständlichen Bedingungen der Arbeit* von Natur *Kapital* sind, Kapital sind, sofern und weil sie durch ihre stofflichen Eigenschaften als Gebrauchswerte im Arbeitsprozess dienen. Es ist in der Ordnung, wenn andre hinzufügen: Kapital ist Fleisch und Brot, denn obgleich der Kapitalist das Arbeitsvermögen mit Geld kauft, stellt
469b dieses Geld in der Tat nur Brot, || Fleisch, kurz die Lebensmitte des Arbeiters vor [127]. Ein Stuhl mit vier Füssen und einem Samtüberschlag stellt unter gewissen Konjunkturen einen *Thron* vor; deswegen ist dieser Stuhl, ein Ding, das zum Sitzen dient, nicht durch die Natur seines Gebrauchswerts ein Thron. Der wesentlichste Faktor des Arbeitsprozesses ist der Arbeiter selbst und im antiken Produktionsprozess ist dieser Arbeiter Sklave.

---

[127] «*Capital* is that part of the wealth of a country which is employed in production, and consists of food, clothing, tools, raw materials, machinery, etc. necessary to give effect to labour». (89. *Ricardo* l. c.). «*Capital* is a portion of the national wealth, employed or meant to be employed, in favouring reproduction». (21. *G. Ramsay*, l. c.) «*Capital*... a particular species of wealth... destined... to the obtaining of other articles of utility». (*F. Torrens* l. c.). «*Capital*... produit... comme moyens d'une nouvelle production». (*Senior*, l. c., p. 318). «Lorsqu'un fonds est consacré à la production matérielle, il prend *le nom de capital*». (207. t. I. *Storch. Cours d'Economie Politique.* Pariser Ausgabe von 1823). «Le *capital* est cette portion de la richesse *produite* qui est destinée à la reproduction». (p. 364. *Rossi, Cours d'Economie Politique.* 1836 — 37. Brüsseler Ausgabe 1842). Rossi quält sich ab mit der «Schwierigkeit», ob man das «Rohmaterial» auch zum Kapital rechnen könne. Man könne zwar unterscheiden zwischen «capital-matière» und

Daraus folgt ebenso wenig, dass der Arbeiter von Natur *Sklave* ist, obgleich letztre Ansicht dem *Aristoteles* nicht ganz fern liegt, als dass Spindel und Baumwolle, weil sie heutzutage vom *Lohnabeiter* im Arbeitsprozess verzehrt werden, von Natur *Kapital* sind. Diese Verrücktheit, die ein bestimmtes *gesellschaftliches Produktionsverhältnis*, das sich in Dingen darstellt, als dingliche Natureigenschaft dieser Sachen selbst nimmt, schlägt uns ins Gesicht, wenn wir das erste beste Handbuch der Oekonomie aufschlagen, und gleich auf der ersten Seite lesen, dass die Elemente des Produktionsprozesses, auf ihre allgemeinste Form zurückgeführt, Erde, *Kapital* und Arbeit sind [128]. Es könnte ebenso gut gesagt werden, sie seien *Grundeigentum*, Messer, Scheren, Spindeln, Baumwolle, Korn, kurz *Arbeitsmaterial* und *Arbeitsmittel*, und — *Lohnarbeit.* Auf der einen Seite nennen wir die Elemente des Arbeitsprozesses verquickt mit den *spezifischen gesellschaftlichen Charakteren*, die sie auf einer bestimmten *historischen* Entwicklungsstufe besitzen, und auf der andern Seite fügen wir ein Element hinzu, das dem *Arbeitsprozess* unabhängig von allen bestimmten gesellschaftlichen Formen, als einem ewigen Prozesse zwischen Mensch und Natur überhaupt zukommt. (Wir werden weiter unten sehn, dass diese Illusion des Oekonomen, welche die Aneignung des Arbeitsprozesses durch das Kapital mit dem Arbeitsprozess selbst verwechselt, und daher die *gegenständlichen Elemente* des Arbeitsprozesses schlechthin in Kapital verwandelt, weil sich das Kapital u. a. auch in die gegenständlichen Elemente des Arbeitsprozesses verwandelt — wie diese Illusion, die bei den klassischen Oekonomen nur so lange dauert, als sie den kapitalistischen Produktionsprozess ausschliesslich unter dem Gesichtspunkt des Arbeitsprozesses betrachten und daher durch ihre weitere Entwicklung berichtigen, aus der Natur des kapitalistischen Produktionsprozesses selbst entspringt. Es ergibt sich aber sofort, dass dies eine sehr bequeme Methode ist, die Ewigkeit der kapitalistischen Pro-

---

«capital-instrument», aber «est-ce (la matière première) vraiment là un instrument de production? n'est-ce pas plutôt l'objet sur lequel les instruments producteurs doivent agir?» (p. 367). Er sieht nicht, dass wenn er einmal das Kapital mit seiner stofflichen Erscheinungsform verwechselt und daher die gegenständlichen Bedingungen der Arbeit schlechthin Kapital nennt, sie in Bezug auf die Arbeit selbst sich zwar als Arbeitsmaterial und Arbeitsmittel unterscheiden, in Bezug auf das Produkt aber gleichmässig Produktionsmittel sind, wie er Kapital denn auch p. 372 schlechthin «moyens de production» nennt. «Il n'y a aucune différence entre un *capital* et toute autre portion de richesse: c'est seulement par l'emploi qui en est fait, qu'une *chose* devient *capital*, c.-à-d. lorsqu'elle est employée dans une opération productive, comme matière première, comme instrument ou comme approvisionnement». (*Cherbuliez. Riche ou Pauvre. Paris.* 1841. p. 18).

[128] Sieh z. B. *John Stuart Mill. Principles of Political Economy.* v. I, b. 1.

duktionsweise oder das *Kapital* als ein *unvergängliches Naturelement* menschlicher Produktion überhaupt zu beweisen. Arbeit ist ewige Naturbedingung menschlicher Existenz. Der Arbeitsprozess ist nichts als die Arbeit selbst, im Augenblick ihrer schöpferischen Tätigkeit betrachtet. Die allgemeinen Momente des Arbeitsprozesses sind daher von jeder bestimmten gesellschaftlichen Entwicklung unabhängig. Arbeitsmittel und Arbeitsmaterial, wovon ein Teil schon Produkte früherer Arbeit, spielen ihre Rolle in jedem Arbeitsprozess zu allen Zeiten und unter allen Umständen. Hänge ich ihnen daher den Namen *Kapital* an in der Zuversicht, dass «semper aliquid haeret», so habe ich *bewiesen,* dass die Existenz des Kapitals ein ewiges Naturgesetz der menschlichen Produktion ist und dass der Kirgise, der mit einem den Russen gestohlenen Messer Binsen abschneidet und aus diesen Binsen seinen Kahn flicht, ganz ebenso gut ein Kapitalist ist, wie der Herr von Rothschild. Ebenso könnte ich beweisen, dass Griechen und Römer das Abendmahl zu sich nahmen, weil sie Wein tranken und Brot assen, und die Türken sich täglich mit katholischem Weihwasser besprenkeln, weil sie sich täglich waschen. Es ist derartige impertinent seichte Faselei, die man mit selbstgefälliger Wichtigkeit nicht nur von einem *F. Bastiat*, oder in den ökonomischen Traktätchen der *Society for the advancement of useful knowledge*, oder den Kleinkinderschriften einer mother *Mar-*
469c *tineau*, || sondern sogar von wirklichen Fachschriftstellern ausgepatscht findet. Statt, wie bezweckt wird, in dieser Weise die ewige Naturnotwendigkeit des Kapitals zu beweisen, wird so vielmehr umgekehrt seine Notwendigkeit selbst für eine bestimmte historische Entwicklungsstufe des gesellschaftlichen Produktionsprozesses *verneint,* denn der Behauptung, Kapital sei nichts als Arbeitsmaterial und Arbeitsmittel oder die gegenständlichen Elemente des Arbeitsprozesses seien von Natur Kapital, stellt sich mit Recht die Antwort entgegen, man brauche also Kapital, aber keine Kapitalisten, oder Kapital sei nichts als ein zur Prellerei der Massen erfundener *Name* [129].

---

[129] «Man sagt uns, dass die Arbeit keinen Schritt ohne Kapital tun kann, dass die Schaufel für den Mann, der gräbt, ebenso wichtig ist wie seine Arbeit, dass Kapital daher ebenso notwendig zur Produktion als die Arbeit selbst. Der Arbeiter weiss dies alles; diese Wahrheit tritt ihm täglich vor Augen; aber diese wechselseitige Abhängigkeit zwischen Kapital und Arbeit hat nichts zu tun mit der relativen Stellung des Kapitalisten und des Arbeiters; noch beweist sie, dass der erstere durch den letztern erhalten werden muss. Kapital ist nichts als unkonsumierte Produktion und alles Kapital, welches in diesem Augenblick existiert, existiert unabhängig von, und ist in keiner Weise identisch mit einem besondern Individuum oder einer besondern Klasse; und wäre jeder Kapitalist und jeder reiche Mann von Grossbritannien plötzlich maustot, kein einziger Partikel Reichtum oder Kapi-

Die Unfähigkeit den Arbeitsprozess selbständig und doch zugleich als eine Seite des kapitalistischen Produktionsprozesses zu begreifen, zeigt sich noch schlagender, wenn uns Herr *F. Wayland z.* B. erzählt, Rohmaterial sei *Kapital*, und durch seine Verarbeitung werde es *Produkt*. So sei Leder das *Produkt* des Gerbers und das *Kapital* des Schuhmachers. Rohmaterial und Produkt sind beides Bestimmungen, die einem *Ding* mit Bezug auf den *Arbeitsprozess* zukommen, und die beide mit seiner Bestimmung *Kapital* zu sein an und für sich nichts zu tun haben obgleich beides, Rohmaterial und Produkt, *Kapital* vorstellen, sobald der Arbeitsprozess vom Kapitalisten angeeignet ist [130]. Herr *Proudhon* hat dies mit seiner gewohnten «Tiefe» ausgebeutet. «Wodurch verwandelt sich der *Begriff Produkt* plötzlich in den *Begriff Kapital?* Durch die *Idee des Werts*. Das heisst, dass das Produkt, um Kapital zu werden, durch eine authentische Wertschätzung durchgegangen, gekauft oder verkauft, sein Preis debattiert und durch eine Art legaler Konvention fixiert worden sein muss. Dies Fell, wie es aus der Metzgerei kommt, ist das *Produkt das Metzgers*. Dies Fell wird es vom Gerber gekauft? Sogleich trägt dieser es oder seinen Wert zu seinen Exploitationsfonds. Durch die Arbeit des Gerbers wird dies *Kapital* wieder *Produkt*».

Herr Proudhon zeichnet sich durch den Apparat falscher Metaphysik aus, womit er die allergewöhnlichsten Elementarvorstellungen erst als Kapital in seinen «Exploitationsfonds» einträgt und dann als hochtrabendes «Produkt» dem Publikum verkauft. Die Frage, wie sich *Produkt* in *Kapital* verwandelt, ist an und für sich Unsinn, aber die

---

tal würde mit ihm verschwinden, noch wäre die Nation verarmt auch nur um den Wert eines Farthings. Es ist das Kapital und nicht der Kapitalist, das wesentlich für die Operationen der Produzenten ist; und da ist ein ebenso grosser Unterschied zwischen diesen zwei als zwischen der Schiffsladung und dem Ladungsschein.» (59. *J. F. Bray: Labour's wrongs and Labour's remedy etc. Leeds 1839.*)

«*Capital* is a sort of *cabalistic word* like church or state, or any other of those general terms which are invented by those who fleece the rest of mankind to conceal the hand that shears them». (17. *Labour defended against the claims of Capital etc. London. 1825*). Der Verfasser dieser anonymen Schrift ist *Th. Hodgskin*, einer der bedeutendsten modernen englischen Oekonomen. Seine zitierte Schrift, deren Wichtigkeit noch jetzt anerkannt wird (sieh z. B. *John Lalor: Money and Morals* etc. *London, 1852*), rief einige Jahre nach ihrem Erscheinen eine anonyme Gegenschrift *Lord Brougham's* hervor, die ebenso oberflächlich ist als die sonstigen ökonomischen Leistungen dieses Schwätzereigenies.

[130] «The material which... we obtain for the purpose of combining it with *our own* (!) industry, and forming it into a product, is called *capital*; and, after the labour has been exerted, and the value created, it is called a *product*. Thus, the same article may be *product* to one, and *capital* to another. Leather is the

Antwort ist der Frage wert. In der Tat erzählt uns Herr Proudhon nur die zwei ziemlich bekannten Tatsachen, einmal, dass Produkte mitunter als Rohmaterial verarbeitet werden und zweitens dass *Produkte* zugleich *Waren* sind, d. h. einen *Wert* besitzen, der vor seiner Realisation die Feuerprobe der Debatte zwischen Käufer und Verkäufer bestehn muss. Derselbe «Philosoph» bemerkt: «La différence pour la société, entre capital et produit n'existe pas. Cette différence est toute subjective aux individus». Die abstrakte gesellschaftliche Form nennt er «subjektiv» und seine subjektive Abstraktion nennt er «Gesellschaft».

Wenn der Oekonom, solange er den kapitalistischen Produktionsprozess bloss unter dem Gesichtspunkt des *Arbeitsprozessses* betrachtet, das Kapital für ein blosses *Ding* erklärt, Rohstoff, Instrument usw., so fällt ihm dann wieder ein, dass der Produktionsprozess doch auch Verwertungsprozess ist und jene Dinge mit Bezug auf den Verwertungsprozess nur als *Wert* in Betracht kommen. «Dasselbe Kapital existiert bald unter der Form einer Geldsumme, bald unter der eines Rohstoffs, eines Instruments, einer fertigen Ware. Diese *Dinge* sind eigentlich nicht *das Kapital;* es haust in dem *Wert*, den sie haben».[131] Sofern dieser Wert «sich erhält, nicht mehr untergeht, sich vervielfältigt, sich
469d von der Ware losreisst,|| die ihn geschaffen hatte, gleich einer metaphysischen und unsubstantiellen Qualität immer im Besitz desselben Produzenten (d. h. Kapitalisten) bleibt»,[132] wird das, was soeben noch für ein *Ding*, jetzt für eine *«kommerzielle Idee»* erklärt[133].

Das Produkt des kapitalistischen Produktionsprozesses ist weder ein blosses *Produkt* (Gebrauchswert), noch blosse *Ware*, d. h. Produkt, das einen Tauschwert hat, sondern sein *spezifisches Produkt* ist der *Mehrwert*. Sein Produkt sind *Waren*, die mehr Tauschwert besitzen, d. h. mehr Arbeit darstellen als für ihre Produktion in der Form von

---

product of the currier, and the capital of the shoemaker». (*F. Wayland*, l. c., p. 25) (Folgt nun die oben stehende Scheisse aus Proudhon, wobei zu zitieren: «*Gratuit du Crédit. Discussion entre M. Fr. Bastiat et M. Proudhon. Paris 1850*, p. 179, 180, 182).

[131] *J. B. Say.* l. c. t. II. p. 429. Note. Wenn *Carey* sagt, «*Capital*... all articles possessing exchangeable value» (*H. C. Carey. Principles of Political Economy. Part I. Philadelphia, 1837*. p. 294), so fällt das in die Erklärung des Kapitals zurück, die wir schon im ersten Kapitel erwähnt: «Capital—is commodities», eine Eklärung, die sich nur auf die Erscheinung des Kapitals im Zirkulationsprozess bezieht.

[132] *Sismondi. Nouv. Princ.* etc. t. I. p. 89.

[133] «Le capital est une idée commerciale». *Sismondi. Etudes* etc. t. II. p. 273.

Geld oder Waren vorgeschossen wurde. Im kapitalistischen Produktionsprozess erscheint der *Arbeitsprozess* nur als *Mittel*, der *Verwertungsprozess* oder die *Produktion von Mehrwert* als Zweck. Sobald sich der Oekonom hierauf besinnt, wird Kapital erklärt als Reichtum, der in der Produktion verwandt wird, um «Profit» zu machen [124].

Wir haben gesehn, dass die Verwandlung von Geld in Kapital in zwei selbständige, ganz verschiedenen Sphären angehörige und getrennt von einander existierende Prozesse zerfällt. Der erste Prozess gehört der Sphäre der *Warenzirkulation* an und geht daher auf dem *Warenmarkt* vor. Es ist der *Kauf und Verkauf des Arbeitsvermögens*. Der zweite Prozess ist der *Konsum des gekauften Arbeitsvermögens* oder der *Produktionsprozess* selbst. In dem ersten Prozess stehn sich Kapitalist und Arbeiter nur als Geldbesitzer und Warenbesitzer gegenüber und ihre Transaktion ist, wie die zwischen allen Käufern und Verkäufern, ein Austausch von Equivalenten. Im zweiten Prozess erscheint der Arbeiter *pro tempore* als lebendiger Bestandteil des Kapitals selbst und die Kategorie des Austauschs ist hier gänzlich ausgeschlossen, da der Kapitalist alle Faktoren des Produktionsprozesses, sachliche wie persönliche, sich durch Kauf angeeignet hat, bevor dieser Prozess beginnt. Obgleich aber beide Prozesse selbständig neben einander existieren, bedingen sie sich wechselseitig. Der erste leitet den zweiten ein, und der zweite führt den ersten aus.

Der erste Prozess, der *Kauf und Verkauf des Arbeitsvermögens*, zeigt uns Kapitalist und Arbeiter nur als Käufer und Verkäufer von Ware. Was den Arbeiter von andern Warenverkäufern unterscheidet, ist nur die *spezifische Natur*, der *spezifische Gebrauchswert* der von ihm verkauften Ware. Aber der besondere Gebrauchswert der Waren ändert durchaus nichts an der ökonomischen Formbestimmtheit der Transaktion, nichts daran, dass der Käufer Geld und der Verkäufer Ware vorstellt. Um also zu *beweisen*, dass das Verhältnis zwischen Kapitalist und Arbeiter durchaus nichts als ein Verhältnis zwischen Warenbesitzern ist, die zu ihrem wechselseitigen Vorteil und durch einen freien Kontrakt Geld und Ware mit einander austauschen, genügt es den ersten Prozess zu isolieren und an seinem formellen Charakter festzuhalten. Dies einfache Kunststück ist keine Hexerei, aber es bildet den ganzen Weisheitsvorrat der Vulgärökonomie.

---

[124] «*Capital*. That portion of the stock of a country which is kept or employed with a view to profit in the production and distribution of wealth.» (*T. R. Malthus. Definitions in Political Economy*. New edition etc. *by John Cazenove. London. 1853*. p. 10). «*Kapital* der Teil des zur Produktion und generally for the purpose of obtaining profit employed wealth.» (75. *Th. Chalmers. On Political Economy* etc. *London 1832. 2-nd edition*).

Wir haben gesehn, dass der Kapitalist sein Geld nicht nur in Arbeitsvermögen, sondern in die gegenständlichen Faktoren des Arbeitsprozesses, die Produktionsmittel, verwandeln muss. Betrachten wir aber das gesamte Kapital auf der einen Seite, also die Gesamtheit der Käufer von Arbeitsvermögen auf der einen Seite, und die Gesamtheit der Verkäufer von Arbeitsvermögen, die Gesamtheit der Arbeiter auf der andren, so ist der Arbeiter eben gezwungen statt einer Ware, sein eigenes Arbeitsvermögen als Ware zu verkaufen, weil ihm auf der andren Seite sämtliche Produktionsmittel, sämtliche gegenständliche Bedingungen der Arbeit ebensogut wie sämtliche Lebensmittel, Geld,
[469e] Produktionsmittel und || Lebensmittel als fremdes Eigentum gegenüberstehn, weil also aller *gegenständliche Reichtum* als Eigentum der *Warenbesitzer* dem Arbeiter *gegenübersteht.* Es ist unterstellt, dass er als *Nichteigentümer* arbeitet und die *Bedingungen seiner Arbeit* ihm als *fremdes Eigentum* gegenüberstehn. Dass Kapitalist Nr. I Geldbesitzer ist und von dem Kapitalisten Nr. II, der Produktionsmittel besitzt, diese Produktionsmittel kauft, während der Arbeiter mit dem von dem Kapitalisten Nr. I erhaltenen Geld Lebensmittel von dem Kapitalisten Nr. III kauft, ändert durchaus nichts an dem Umstand, dass die Kapitalisten Nr. I, II und III zusammen die ausschliesslichen Besitzer von Geld, Produktionsmitteln und Lebensmitteln sind. Der Mensch kann nur leben, soweit er seine Lebensmittel produziert und er kann nur Lebensmittel produzieren, sofern er sich im Besitz von Produktionsmitteln, im Besitz der gegenständlichen Bedingungen der Arbeit befindet. Es versteht sich also von vorn herein, dass der Arbeiter, der von Produktionsmitteln entblösst ist, von Lebensmitteln entblösst ist, wie umgekehrt ein Mensch, der von Lebensmitteln entblösst ist, kein Produktionsmittel schaffen kann. Was also selbst im ersten *Prozess,* bevor sich Geld oder Ware wirklich in *Kapital* verwandelt haben, ihnen von vorn herein den *Charakter von Kapital* aufdrückt, ist weder ihre Natur als Geld, noch ihre Natur als Ware, noch der stoffliche Gebrauchswert dieser Waren als Lebensmittel und Produktionsmittel zu dienen, sondern der Umstand, dass dies Geld und diese Ware, diese Produktionsmittel und Lebensmittel als *selbständige Mächte,* personifiziert in ihren Besitzern, dem von allem gegenständlichen Reichtum entblössten *Arbeitsvermögen* gegenübertreten, dass also die zur Verwirklichung der Arbeit notwendigen sachlichen Bedingungen dem Arbeiter selbst *entfremdet* sind, vielmehr als mit eigenem Willen und eigener Seele begabte *Fetische* erscheinen, dass *Waren* als *Käufer* von *Personen* figurieren. Der Käufer des Arbeitsvermögens ist nur die Personifikation von *vergegenständlichter* Arbeit, die einen Teil ihrer selbst in der Form von Lebensmitteln an den Arbeiter abgibt, um das

lebendige Arbeitsvermögen ihrem andern Teil einzuverleiben und durch diese Einverleibung sich ganz zu erhalten und über ihr ursprüngliches Mass hinaus zu wachsen. Es ist nicht der Arbeiter, der Lebensmittel und Produktionsmittel kauft, sondern die Lebensmittel kaufen den Arbeiter, um ihn den Produktionsmitteln einzuverleiben.

Lebensmittel sind eine besondre stoffliche Existenzform, worin das Kapital dem Arbeiter gegenübertritt, bevor er sie durch Verkauf seines Arbeitsvermögens aneignet. Aber sobald der Produktionsprozess beginnt, ist das Arbeitsvermögen bereits verkauft, die Lebensmittel also, wenigstens de jure, in den Konsumtionsfonds des Arbeiters übergegangen. Diese Lebensmittel bilden kein Element des Arbeitsprozesses, welcher neben dem wirkenden Arbeitsvermögen selbst nichts voraussetzt ausser Arbeitsmaterial und Arbeitsmittel. In der Tat muss der Arbeiter sein Arbeitsvermögen durch Lebensmittel erhalten, aber diese seine Privatkonsumtion, die zugleich Reproduktion seines Arbeitsvermögens ist, fällt ausserhalb des Produktionsprozesses der Ware. Es ist möglich, dass in der kapitalistischen Produktion tatsächlich die ganze disponible Zeit des Arbeiters vom Kapital absorbiert wird, dass also der Verzehr der Lebensmittel tatsächlich als ein blosser Incident des Arbeitsprozesses selbst erscheint, wie der Verzehr von Kohle durch die Dampfmaschine, von Oel durch das Rad oder von Heu durch das Pferd, wie die ganze Privatkonsumtion des arbeitenden Sklaven, und in diesem Sinn zählt *Ricardo* z. B. (sieh oben Note 127), neben Rohmaterial, Werkzeugen u.s.w. «Nahrung und Kleidung» auf als Dinge, die «effect to labour» geben und daher als «Kapital» im
469f Arbeitsprozess dienen. Wie sich || das aber immer *tatsächlich* gestalten mag, die Lebensmittel, sobald der freie Arbeiter sie verzehrt, sind Waren, die er *gekauft* hat. Sobald sie in seine Hand übergehen, also um so mehr, sobald sie von ihm verzehrt werden, haben sie aufgehört, Kapital zu sein. Sie bilden also keines der *stofflichen Elemente*, worin das *Kapital* im *unmittelbaren Produktionsprozess* erscheint, obgleich sie die *stoffliche Existenzform* des *variablen Kapitals* bilden, das auf dem *Markt*, innerhalb der *Zirkulationssphäre* als Käufer von Arbeitsvermögen auftritt [135].

Wenn ein Kapitalist von 500 Talern 400 in Produktionsmittel verwandelt und 100 in Kauf von Arbeitsvermögen auslegt, bilden diese 100 Taler sein *variables* Kapital. Mit diesen 100 Talern kaufen die

[135] Es ist dies das Richtige, was *Rossis* Polemik gegen die Aufzählung von Lebensmitteln unter den Bestandteilen des produktiven Kapitals zugrunde liegt. Wie unrichtig er aber die Sache fasst und in welchen Wirrwarr er sich daher hineinräsoniert, wird man in einem spätern Kapitel sehn.

Arbeiter Lebensmittel, sei es vom selben Kapitalisten, sei es von andern. Die 100 Taler sind nur die *Geldform* dieser Lebensmittel, die also in der Tat den *stofflichen Bestand* des variablen Kapitals bilden. Innerhalb des *unmittelbaren Produktionsprozesses* existiert das variable Kapital nicht mehr: weder in Geldform, noch in Warenform, sondern in der Form der *lebendigen Arbeit*, die es sich durch den Kauf des Arbeitsvermögens angeeignet hat. Und nur durch diese Verwandlung des variablen Kapitals in Arbeit, wird überhaupt die in Geld oder Waren vorgeschossene Wertsumme in *Kapital* verwandelt. Obgleich also der *Kauf und Verkauf des Arbeitsvermögens*, wodurch die Verwandlung eines Teils des Kapitals in variables Kapital *bedingt* ist, ein vom *unmittelbaren Produktionsprozess* getrennter und selbständiger, ihm vorhergehender Prozess ist, bildet er die *absolute Grundlage* des kapitalistischen Produktionsprozesses und bildet ein *Moment* dieses Produktionsprozesses selbst, wenn wir ihn als *Ganzes* betrachten und nicht nur im Augenblick der unmittelbaren Warenproduktion. Nur weil der Arbeiter, um zu leben, sein Arbeitsvermögen verkauft, verwandelt sich der gegenständliche Reichtum in Kapital. Nur der *Lohnarbeit* gegenüber werden die *Sachen*, die gegenständliche Bedingungen der Arbeit sind, also die *Produktionsmittel*, und die *Sachen*, die gegenständliche Bedingungen für die Erhaltung des Arbeiters selbst sind, also die *Lebensmittel*, *Kapital*. Kapital ist kein *Ding*, so wenig wie Geld ein *Ding* ist. Im Kapital, wie im Geld, stellen sich bestimmte *gesellschaftliche Produktionsverhältnisse der Personen als Verhältnisse von Dingen* zu Personen dar, oder erscheinen bestimmte gesellschaftliche Beziehungen als *gesellschaftliche Natureigenschaften* von Dingen. Ohne *Salariat* keine Produktion von Mehrwert, sobald die Individuen sich als freie Personen gegenüberstehn, ohne Produktion von Mehrwert keine kapitalistische Produktion, also kein Kapital und kein Kapitalist! Kapital und Lohnarbeit (so nennen wir die Arbeit des Arbeiters, der sein eigenes Arbeitsvermögen verkauft) drücken nur zwei Faktoren desselben Verhältnisses aus. Das Geld kann nicht Kapital werden, ohne sich gegen Arbeitsvermögen als vom Arbeiter selbst verkaufte Ware auszutauschen. Andrerseits kann die Arbeit nur als Lohnarbeit erscheinen, sobald ihre *eignen* gegenständlichen Bedingungen ihr als selbstische Mächte, fremdes Eigenl tum, für sich seiender und an sich festhaltender Wert, kurz als Kapitagegenübertreten. Wenn das Kapital also seiner stofflichen Seite nach — oder den Gebrauchswerten nach, worin es existiert, nur aus den gegenständlichen Bedingungen der Arbeit selbst bestehn kann, müssen seiner Formseite nach diese gegenständlichen Bedingungen als *fremde*, *selbständige* Mächte der Arbeit gegenüberstehn, als Wert — vergegenständlichte Arbeit — die zur lebendigen Arbeit sich als blossem Mittel seiner eignen Erhaltung und Vermehrung verhält. Die Lohnarbeit oder das Salariat ist also eine notwendige gesellschaftliche Form der Arbeit für die kapitalistische Produktion, ganz wie das Kapital, der potenzierte Wert, eine notwendige gesellschaftliche Form ist, die die gegenständlichen Bedingungen der Arbeit annehmen müssen, damit letztere Lohnarbeit sei. Lohnarbeit ist also notwendige Bedingung für Kapitalbildung und bleibt die beständige notwendige Voraussetzung für kapitalistische Produktion. Obgleich daher der erste Prozess, der Austauscb von Geld gegen Arbeitsvermögen, oder der Verkauf des Arbeitsvermögens, als solcher nicht in den unmittelbaren Produktionsprozess eingeht, so geht er dagegen in die Produktion des ganzen Verhältnisses ein [136].

Gehn wir nun von dem ersten Prozess, dem Kauf und Verkauf des Arbeitsvermögens, der die Verselbständigung von Produktionsmitteln und Lebensmitteln gegenüber dem wirklichen Arbeiter voraussetzt, also *personifizierte* Produktionsmittel und Lebensmittel voraussetzt, die als *Käufer* mit den Arbeitern als Verkäufern einen Kontrakt schliessen, gehn wir von diesem Prozess, der in der *Zirkulationssphäre*, auf dem *Warenmarkt* vorfällt, zum *unmittelbaren Produktionsprozess* selbst über, so ist dieser zunächst *Arbeitsprozess*. Im Arbeitsprozess tritt der Arbeiter als Arbeiter in ein normales, durch die Natur und den Zweck der Arbeit selbst bestimmtes tätiges Verhältnis zu den Produktionsmitteln. Er eignet und behandelt sie als blosses Mittel und Material seiner
469g Arbeit. Die selbständige, an sich || festhaltende und ihren eigenen Kopf habende Existenz dieser Produktionsmittel, ihre Trennung von der Arbeit, wird jetzt tatsächlich *aufgehoben*. Die gegenständlichen Bedin-

[136] Man kann daher schliessen, was ein *F. Bastiat* vom Wesen der kapitalistischen Produktion versteht, wenn er das *Salariat* für eine der kapitalistischen Produktion äusserliche und gleichgültige Formalität erklärt und entdeckt, «que ce n'est pas *la forme de la remunération* qui crée pour lui (l'ouvrier) cette dépendance». (378. *Harmonies Economiques*. Paris, 1851). Es ist eine Entdeckung — dazu noch missverstandenes Plagiat aus wirklichen Oekonomen — würdig desselben schönrednerischen Ignoranten, der in derselben Schrift, also 1851, entdeckte «ce qui est plus décisif et plus infaillible encore, c'est la *disparition des grandes crises industrielles* en Angleterre». (396). Obgleich F. Bastiat die grossen Krisen 1851 aus England wegdekretiert hatte, genoss England schon 1857 wieder eine grosse Krise und entging 1861, wie selbst in den offiziellen Berichten der englischen Handelskammern zu lesen steht, nur durch den Ausbruch des amerikanischen Bürgerkriegs einer industriellen Krise von bisher ungeahntem Umfang.

gungen der Arbeit treten in ihrer normalen Einheit mit der Arbeit, als blosse Materie und Organe ihres schöpferischen Wirkens auf. Das Fell, das der Arbeiter gerbt, behandelt er als blossen Gegenstand seiner produktiven Tätigkeit, nicht als Kapital. Er gerbt nicht dem Kapitalisten die Haut [137]. Soweit der Produktionsprozess bloss *Arbeitsprozess* ist, verzehrt der Arbeiter in diesem Prozess die Produktionsmittel als blosse *Lebensmittel der Arbeit*. Soweit aber der Produktionsprozess zugleich *Verwertungsprozess* ist, verzehrt der Kapitalist in ihm das Arbeitsvermögen des Arbeiters oder eignet sich die lebendige Arbeit als Lebensblut des Kapitals an. Das Rohmaterial, überhaupt der Arbeitsgegenstand, dient nur dazu, fremde Arbeit *einzusaugen* und das Arbeitsinstrument dient nur als Konduktor, Leiter für diesen *Einsaugungsprozess.* Indem das lebendige Arbeitsvermögen den gegenständlichen Bestandteilen des Kapitals einverleibt ist, wird dies zu einem belebten Ungeheuer, und fängt an zu wirken, «als hätt' es Lieb' im Leibe». Da die Arbeit bloss in einer bestimmten nützlichen Form Wert schafft und da jede besondre nützliche Art Arbeit Material und Mittel von spezifischem Gebrauchswert erheischt, Spindel und Baumwolle usw. für die Spinnarbeit, Amboss, Hammer und Eisen für die Schmiedearbeit usw., kann die Arbeit nur eingesaugt werden, soweit das Kapital die Gestalt der für bestimmte Arbeitsprozesse erheischten spezifischen Produktionsmittel annimmt und nur in dieser Gestalt kann es lebendige Arbeit einsaugen. Hier sieht man also, warum dem Kapitalisten, dem Arbeiter und dem politischen *Oekonomen,* der den Arbeitsprozess nur als vom Kapital angeeigneten Arbeitsprozess zu denken fähig ist, die *stofflichen* Elemente des Arbeitsprozesses wegen ihrer stofflichen Eigenschaften als *Kapital* gelten und warum er unfähig ist, ihre stoffliche Existenz als blosser Faktoren des Arbeitsprozesses loszulösen von der mit ihnen verquickten *gesellschaftlichen* Eigenschaft, die sie zu *Kapital* macht. Er kann das nicht, weil wirklich derselbe identische Arbeitsprozess, dem die Produktionsmittel durch ihre stofflichen Eigenschaften als blosse Lebensmittel der Arbeit dienen, dieselben Produktionsmittel in blosse Einsaugungsmittel der Arbeit verwandelt. Im Arbeitsprozess für sich betrachtet, verwendet der Arbeiter die Produktionsmittel. Im Arbeitsprozess, der zugleich kapitalistischer Produktions-

[137] «Wir sehn ferner aus den Entwicklungen des Oekonomen selbst, wie das Kapital, das Resultat der Arbeit, im *Prozesse der Produktion, sogleich* wieder zum Substrat, zum Material der Arbeit gemacht, wie also die für einen Augenblick gesetzte *Trennung des Kapitals von der Arbeit,* sogleich wieder in der *Einheit beider aufgehoben* wird». *F. Engels. Deutsch-französische Jahrbücher* usw., p. 99.

prozess ist, verwenden die Produktionsmittel den Arbeiter, so dass die Arbeit nur als Mittel erscheint, wodurch eine bestimmte *Wertgrösse*, also eine bestimmte Masse *vergegenständlichter* Arbeit lebendige Arbeit einsaugt, um sich zu erhalten und zu vermehren. Der Arbeitsprozess erscheint so als *Selbstverwertungsprozess* der vergegenständlichten Arbeit vermittelst der lebendigen Arbeit [138]. Das *Kapital* wendet den *Arbeiter* und nicht der *Arbeiter das Kapital* an, und nur *Sachen, die den Arbeiter anwenden*, die daher im Kapitalisten *Selbstigkeit*, eignes Bewusstsein und eignen Willen besitzen, sind *Kapital* [139]. Sofern der Arbeitsprozess bloss das Mittel und die reale Form des *Verwertungsprozesses* ist, soweit er also ein Prozess ist, der darin besteht, ausser der Arbeit, die im Arbeitslohn vergegenständlicht war, einen *Uberschuss unbezahlter Arbeit, Mehrwert*, in Waren zu vergegenständlichen, also *Mehrwrt zu produzieren*, ist der Springpunkt dieses ganzen Prozesses der Austausch *vergegenständlichter Arbeit* mit *lebendiger Arbeit*, der Austausch von weniger *vergegenständlichter Arbeit* gegen mehr *lebendige Arbeit*. Im Austauschprozess selbst wird ein Quantum in Geld als Ware vergegenständlichter Arbeit gegen gleich grosses Quantum im lebendigen Arbeitsvermögen vergegenständlichter Arbeit ausge-
469h tauscht. || Es werden dem Wertgesetz des Warenaustausches entsprechend Equivalente ausgetauscht, *gleiche Quanta* vergegenständlichter Arbeit, obgleich das eine Quantum in einer Sache, und das andre in einer lebendigen Person vergegenständlicht. Aber dieser Austausch

[138] «*Labour* is the *agency* by which *capital* is made productive of... profit». (*John Wade*, l. c., p. 161). «In der bürgerlichen Gesellschaft ist die lebendige Arbeit nur ein Mittel, die aufgehäufte Arbeit zu vermehren.» (p. 12. *Manifest der Kommunistischen Partei*. 1848).

[139] Der bestimmte *ökonomische* Charakter von *Lebensmitteln*, sich Arbeiter zu kaufen, oder von *Produktionsmitteln*. von Leder und Leisten *Schustergesellen anzuwenden*, diese Verkehrung zwischen Sache und Person, also der *kapitalistische* Charakter ist mit dem *stofflichen* Charakter der Produktionselemente so unzertrennlich *verwachsen*, in der kapitalistischen Produktion und daher in der Phantasie der politischen Oekonomen, dass *Ricardo* z. B., während er es für nötig hält, die stofflichen Elemente des Kapitals näher zu charakterisieren, als *selbstverständlich*, ohne weiteres Bedenken oder weitere Bemerken die ökonomisch *richtigen* Ausdrücke braucht, wie «*Capital*, or the *means of employing labour*» (also nicht «means empl yed by labour», sondern «means of employing labour»). (l. c., p. 92), «quantity of labour employed by a capital» (p. 419 ib.), «the fund which is to employ them» (the labourers), p. 252, usw. So heisst auch im heutigen Deutschen der Kapitalist, die Personifikation der *Sachen*, die Arbeit nehmen, *Arbeitsgeber*, und der wirkliche Arbeiter, der Arbeit gibt, *Arbeitsnehmer*. «In der bürgerlichen Gesellschaft ist das Kapital selbständig und persönlich, während das tätige Individuum unselbständig und unpersönlich ist.» (*Manifest der Kommunistischen Partei*. l. c.)

leitet nur den *Produktionsprozess* ein, vermittelst dessen in der Tat mehr Arbeit in lebendiger Form eingetauscht wird als in vergegenständlichter Form verausgabt war. Es ist daher das grosse Verdienst der klassischen Oekonomie den ganzen Produktionsprozess als solchen Prozess zwischen *vergegenständlichter Arbeit* und *lebendiger Arbeit* dargestellt und daher das Kapital, im Gegensatz zur lebendigen Arbeit, nur als *vergegenständlichte* Arbeit, d. h. als *Wert,* der sich selbst vermittelst der lebendigen Arbeit *verwertet,* dargestellt zu haben. Ihr Mangel besteht hier nur darin, dass sie erstens unfähig waren nachzuweisen, wie dieser Austausch von mehr lebendiger Arbeit gegen weniger vergegenständlichte Arbeit dem Gesetz des *Warenaustauschs,* der Bestimmung der Warenwerte durch die Arbeitszeit entspricht, und dass sie daher zweitens, den Austausch eines bestimmten Quantums *vergegenständlichter Arbeit* gegen Arbeitsvermögen im *Zirkulationsprozess* unmittelbar zusammenwerfen mit der im Produktionsprozess vorgehenden Einsaugung der lebendigen Arbeit durch die in der Gestalt von Produktionsmitteln vorhandene *vergegenständlichte* Arbeit. Den *Austauschprozess* zwischen variablem Kapital und Arbeitsvermögen werfen sie zusammen mit dem Einsaugungsprozess der lebendigen Arbeit durch das konstante Kapital. Auch dieser Mangel entspringt aus ihrer «kapitalistischen» Befangenheit, denn für den Kapitalisten selbst, der die Arbeit erst zahlt, nachdem sie verwertet ist, erscheint der Austausch von einem kleinen Quantum vergegenständlichter Arbeit gegen ein grosses Quantum lebendiger Arbeit als *ein einziger unvermittelter Prozess.* Wenn also der moderne Oekonom Kapital als *vergegenständlichte Arbeit* der lebendigen Arbeit gegenüberstellt, so versteht er unter vergegenständlichter Arbeit nicht die *Arbeitsprodukte,* soweit sie einen Gebrauchswert haben und Verkörperung bestimmter nützlicher Arbeiten sind, sondern soweit sie Materiatur eines bestimmten *Quantums* allgemeiner gesellschaftlicher Arbeit, daher *Wert,* Geld sind, das sich selbst durch den Aneignungsprozess fremder *lebendiger* Arbeit *verwertet.* Diese Aneignung ist vermittelt durch den auf dem *Warenmarkt* vorgehenden Austausch zwischen variablem Kapital und Arbeitsvermögen, wird aber erst ausgeführt im wirklichen Produktionsprozess. [140]

---

[140] Unmittelbare Arbeit und vergegenständlichte Arbeit, gegenwärtige und vergangene Arbeit, lebendige und aufgespeicherte Arbeit usw. sind daher Formen, worin die Oekonomen das Verhältnis von Kapital und Arbeit ausdrücken.

«Labour and capital... the one *immediate* labour,... the other *hoarded labour*». (*James Mill. Elements of Political Economy.* London. 1821, p. 75). «*Antecedent*

Die Unterordnung des Arbeitsprozesses unter das Kapital ändert zunächst nichts an der wirklichen Produktionsweise und zeigt sich praktisch nur in folgendem: der Arbeiter tritt unter das Kommando, die Leitung und Oberaufsicht des Kapitalisten, natürlich nur mit Bezug auf seine Arbeit, die dem Kapital gehört. Der Kapitalist passt auf, dass er keine Zeit vergeudet und z. B. in jeder Stunde das Produkt einer Arbeitsstunde liefert, nur die durchschnittlich notwendige Arbeitszeit zur Herstellung des Produkts verwendet. Sofern das Kapitalverhältnis ein die Produktion beherrschendes Verhältnis ist, der Arbeiter also beständig als Verkäufer und der Kapitalist beständig als Käufer auf dem Markt erscheint, ist der Arbeitsprozess selbst im Grossen und Ganzen *kontinuierlich* und nicht unterbrochen, wie wenn der Arbeiter als unabhän-
469i giger Warenproduzent von dem Verkauf || seiner Waren an einzelne Kunden abhängt, da das Minimum des Kapitals gross genug sein muss den Arbeiter fortwährend zu beschäftigen und den Verkauf der Waren abzuwarten [141]. Endlich zwingt der Kapitalist die Arbeiter die Dauer des Arbeitsprozesses möglichst über die Grenzen der zur Reproduktion

---

labour (capital)... *present labour*». (*E. G. Wakefield* in seiner Ausgabe A. Smiths-*London*, *1836*. t. I. p. 231 Note). «*Accumulated labour* (capital)... *immediate labour*». (*Torrens*, l. c. ch. I. [p. 31]). «*Labour* and *Capital*, that is, *accumulated labour*». (l. c., p. 499. *Ricardo*). «The *specific* advances of the capitalists do not consist of cloth (überhaupt Gebrauchswerten), but of *labour*». (*Malthus*. «*The Measure of Value*» etc., *London*, *1823*. p. 17, 18).

«Comme tout homme est forcé de consommer avant de produire, l'ouvrier pauvre se trouve dans la *dépendance* du riche, et ne peut ni vivre ni travailler, s'il n'obtient de lui des denrées et des marchandises existantes, en retour de celles qu'il promet de produire par son travail... pour l'y (id est le riche) faire consentir, il a fallu convenir que toutes les fois qu'il échangerait du *travail fait* contre du *travail à faire*, le dernier aurait une valeur supérieure au premier». (36, 37, t. I. *Sismondi*: «*De la Richesse commerciale*». Paris, 1803).

Herr *W. Roscher*, der offenbar nicht einmal ahnt, was die englischen Oekonomen sagen und sich ausserdem unzeitig daran erinnert, dass Senior das Kapital «abstinence» tauft, macht folgende, auch grammatisch «*geschickte*» Professoralbemerkung: «Die Schule Ricardos pflegt auch das Kapital unter den Begriff der Arbeit zu subsumieren, als, aufgespeicherte Arbeit'. Dies ist *ungeschickt*, weil ja (!) der Kapitalbesitzer doch (!) *mehr* (!) getan hat als die *blosse* (!) *Hervorbringung* (!) und *E*rhaltung *desselben* (!); eben die *Ent*haltung vom eigenen Geniessen, wofür er z. B. Zinsen verlangt». (*W. Roscher* l. c.)

[141] «If in the progress of time a change takes place in their economical position (der workmen), if they become the workmen of a capitalist who advances their wages beforehand, two things take place. First they *can* now labour continuously; and, secondly, an agent is provided, whose office and whose interest it will be, to see that they *do* labour continuously... Here, then, is an increased

des Arbeitslohns notwendigen Arbeitszeit hinaus zu verlängern, da dieser *Ueberschuss von Arbeit* ihm grade den *Mehrwert* liefert [142].

Wie den Warenbesitzer der Gebrauchswert der Ware nur als Träger ihres Tauschwerts interessiert, so den Kapitalisten der Arbeitsprozess nur als Träger und Mittel des Verwertungsprozesses. Auch innerhalb des Produktionsprozesses — soweit er Verwertungsprozess ist — fahren die Produktionsmittel fort blosser Geldwert zu sein, gleichgültig gegen die besondere stoffliche Gestalt, den besondern Gebrauchswert, worin dieser Tauschwert dargestellt ist, ganz wie innerhalb desselben die Arbeit selbst nicht zählt als produktive Tätigkeit von bestimmtem nützlichem Charakter, sondern als Wertschaffende Substanz, als gesellschaftliche Arbeit überhaupt, die sich vergegenständlicht und bei der das einzig interessante Moment *ihre Quantität* ist. Jede besondere Produktionssphäre gilt dem Kapital daher nur als eine besondre Sphäre, worin Geld angelegt wird, um mehr Geld aus ihm zu machen, um vorhandenen Wert zu erhalten und zu vermehren oder um sich *Mehrarbeit* anzueignen. In jeder besondren Produktionssphäre ist der Arbeitsprozess und sind daher auch die Faktoren des Arbeitsprozesses verschieden. Man kann mit Spindel, Baumwolle und Spinner keine Stiefel machen. Die Anlegung des Kapitals aber in dieser oder jener Produktionssphäre, die Massen, worin sich das Gesamtkapital der Gesellschaft in den verschiedenen Produktionssphären verteilt, endlich das Verhältnis, worin es aus einer Produktionssphäre in die andre auswandert, alles dies ist bestimmt durch das wechselnde Verhältnis, worin die Gesellschaft der Produkte dieser besondern Produktionssphären bedarf, d. h. der

---

continuity in the labour of all this class of persons. They labour daily from morning to night, and are not interrupted by waiting for or seeking the customer... But the continuity of labour, thus made possible, is secured and improved by the superintendence of the capitalist. He has advanced their wages; he is to receive the products of their labour. It is his interest and his privilege to see that they do not labour interruptedly or dilatorily». (*Jones*, R., l. c., p. 37 sq. passim).

[142] «Un axiome généralement admis par les économistes est que tout travail doit laisser un excédant. Cette proposition est pour moi d'une vérité universelle et absolue: c'est le corollaire de la loi de la proportionnalité (!), que l'on peut regarder comme le sommaire de toute la science économique. Mais, j'en demande pardon aux économistes, le principe que *tout travail doit laisser un excédant* n'a pas de sens dans leur théorie, et n'est susceptible d'aucune *demonstration*». (*Proudhon*, «*Philosophie de la Misère*»). Ich habe in der Schrift: «*Misère de la Philosophie. Réponse à la Philosophie de la Misère de M. Proudhon*», *Paris 1847*, p. 76 — 91 nachgewiesen, dass Herr Proudhon nicht die geringste Ahnung davon hat, was dies «*excédant du travail*» ist, nämlich das *Mehrprodukt*, worin sich die Mehrarbeit oder unbezahlte Arbeit des Arbeiters darstellt. Da er in der kapitalistischen Produktion faktisch findet, dass jede Arbeit ein solches «excédant»

Gebrauchswerte der Waren, die sie schaffen; denn obgleich nur der Tauschwert einer Ware bezahlt wird, wird sie immer nur ihres Gebrauchswerts wegen gekauft. <Da das unmittelbare Produkt des Produktionsprozesses *Ware* ist, kann der Kapitalist das am Ende des Prozesses in der Form von *Ware* existierende Kapital, also auch den [in] ihm enthaltenen *Mehrwert* nur realisieren, soweit er Käufer für seine Waren findet>.

Aber das Kapital ist an und für sich gleichgültig gegen die *Besonderheit* jeder Produktionssphäre, und wird nur durch die grössere oder geringere Schwierigkeit im Verkauf der Waren dieser oder jener Produktionssphäre bestimmt, wo es sich anlegt, wie es sich anlegt, und in welchem Umfang es aus einer Produktionssphäre in die andre übergeht oder seine Verteilung zwischen den verschiedenen Produktionssphären wechselt. In der Wirklichkeit stösst diese Flüssigkeit des Kapitals auf Friktionen, die hier nicht weiter zu betrachten sind. Aber einerseits schafft es sich, wie man später sehn wird, Mittel um diese Friktionen, soweit sie nur der Natur des Produktionsverhältnisses selbst entspringen, zu überwältigen, andererseits beseitigt es mit der Entwicklung der ihm eigentümlichen Produktionsweise alle gesetzlichen und ausserökonomischen Hindernisse seiner freien Bewegung in den verschiedenen Produktionssphären. Vor allem wirft es alle gesetzlichen oder traditionellen Schranken um, die es verhindern nach Gutdünken diese oder jene Art von Arbeitsvermögen zu kaufen, oder sich beliebig diese oder jene Art von Arbeit anzueignen. Obgleich ferner das Arbeitsvermögen in jeder besondern Produktionssphäre eine besondre Gestalt besitzt, als Vermögen für Spinnen, Schustern, Schmieden usw., für jede besondre Produktionssphäre daher ein Arbeitsvermögen erheischt ist, das sich nach einer besondern Seite entwickelt hat, ein *besondertes* Arbeitsvermögen, so unterstellt jene gleiche Flüssigkeit des Kapitals seine Gleichgültigkeit gegen den besondern Charakter des Arbeits-
469k || prozesses, den es sich aneignet, dieselbe Flüssigkeit oder *Variabilität* in der Arbeit, also in der Anwendungsfähigkeit des Arbeitsvermögens durch den Arbeiter. Wir werden sehn, dass die kapitalistische Produktionsweise selbst diese ihrer eignen Tendenz entgegenstehenden ökonomischen Hindernisse schafft, aber sie beseitigt alle *gesetzlichen* und *ausserökonomischen* Hindernisse dieser Variabilität. [143] Ebenso gleichgültig, wie dem Kapital, als sich verwertendem Wert, die besondre stoffliche Gestalt, worin es im Arbeitsprozesse erscheint, ob als Dampfmaschine,

---

lässt, sucht er sich diese Tatsache aus irgendeiner mysteriösen Natureigenschaft der Arbeit zu erklären und sich mit den sesquepedalia verba, wie «corollaire de la loi de la proportionnalité» usw. aus der Verlegenheit heraus zu marktschreien.

[143] «Every man, if not restrained by law, would pass from one employment

Misthaufen oder Seide, ebenso gleichgültig ist dem Arbeiter der *besondre Inhalt* seiner Arbeit. Seine Arbeit gehört dem Kapital, sie ist nur der Gebrauchswert der Ware, die er verkauft hat und er hat sie nur verkauft, um sich Geld und mit dem Geld Lebensmittel anzueignen. Der Wechsel in der Art der Arbeit interessiert ihn nur deswegen, weil jede besondre Art der Arbeit eine andre Entwicklung des Arbeitsvermögens verlangt. Wenn seine Gleichgültigkeit gegen den besondern Inhalt der Arbeit ihm nicht die Fähigkeit verschafft sein Arbeitsvermögen auf Kommando zu variieren, zeigt er diese Gleichgültigkeit darin, dass er seine Ersatzmänner, die nachwachsende Generation, je nach dem Gebot des Markts aus einem Arbeitszweig in den andern wirft. Je entwickelter die kapitalistische Produktion in einem Lande, um so grösser die Forderung der *Variabilität* an das Arbeitsvermögen, um so gleichgültiger der Arbeiter gegen den *besondren Inhalt* seiner Arbeit und um so flüssiger die Bewegung des Kapitals aus einer Produktionssphäre in die andre. Die klassische Oekonomie setzt die *Variabilität* des Arbeitsvermögens und die *Flüssigkeit* des Kapitals als Axiome voraus, und soweit mit Recht, als dies die Tendenz der kapitalistischen Produktionsweise, die sich trotz aller Hindernisse, die sie grossenteils selbst schafft, rücksichtslos durchsetzt. Um die Gesetze der politischen Oekonomie rein darzustellen, wird von den Friktionen abstrahiert, wie in der reinen Mechanik abstrahiert wird von den besondern Friktionen, die in jedem besondern Fall ihrer Anwendung zu überwältigen sind. [144]

Obgleich sich Kapitalist und Arbeiter nur als *Käufer*, Geld, und *Verkäufer*, Ware, auf dem Markt gegenübertreten, so ist dieses Ver-

---

to another, as the various turns in trade should require». (4. «*Considerations concerning taking off the Bounty on Corn exported*» etc. *London, 1753)*.

[144] Nirgends erscheint die Flüssigkeit des Kapitals, die Variabilität der Arbeit und die Gleichgültigkeit des Arbeiters gegen den Inhalt seiner Arbeit grösser als in den Vereinigten Staaten von Nordamerika. In Europa, selbst in England, ist die kapitalistische Produktion immer noch von feudalen Reminiszenzen heimgesucht und verfälscht. Dass z. B. Bäckerei, Schusterei usw. erst jetzt anfangen *kapitalistisch* in England betrieben zu werden, ist ganz und gar dem Umstand geschuldet, dass das englische Kapital feudale Vorurteile von «Respektabilität» hatte. Es war «respektabel», Neger in die Sklaverei zu verkaufen, aber es war nicht «respektabel», Würste, Stiefel oder Brot zu machen. Aus den Vereinigten Staaten stammt daher auch alle Maschinerie, die die europäischen «unrespektablen» Geschäftszweige der kapitalistischen Produktionsweise unterordnet. Andrerseits ist die Person nirgendwo so gleichgültig als in den Vereinigten Staten gegen die

hältnis durch den eigentümlichen Inhalt ihres Handels von vorn herein eigen gefärbt, um so mehr, da bei der kapitalistischen Produktionsweise vorausgesetzt ist, dass das Auftreten beider Seiten auf dem Markt in *derselben* entgegengesetzten Bestimmung sich *beständig* wiederholt oder ein beständiges ist. Betrachten wir das Verhältnis von Warenbesitzern überhaupt auf dem Markt, so tritt derselbe Warenbesitzer abwechselnd als Verkäufer und Käufer von Ware auf. Dass sich zwei Warenbesitzer als Käufer und Verkäufer von einander unterscheiden, ist nur ein beständig verschwindender Unterschied, indem alle dieselben Rollen abwechselnd gegeneinander in der Zirkulationssphäre spielen. Nun wird zwar auch der Arbeiter, nachdem er sein Arbeitsvermögen verkauft, in Geld verwandelt hat, Käufer, und treten ihm die Kapitalisten als blosse Warenverkäufer gegenüber. Aber Geld in seiner Hand ist nur Zirkulationsmittel. Auf dem eigentlichen *Warenmarkt* unterscheidet sich der Arbeiter in der Tat, wie jeder andere Geldbesitzer, nur als Käufer von dem Warenbesitzer als Verkäufer. Aber auf dem *Arbeitsmarkt* dagegen tritt ihm das *Geld* stets als Geldform des *Kapitals* gegenüber und daher der Geldbesitzer als personifiziertes Kapital, *Kapitalist*, wie er seiner-
[469] seits dem Geldbesitzer als || blosse Personifikation des Arbeitsvermögens und daher der Arbeit, als *Arbeiter* gegenübertritt.[145] Es ist nicht ein blosser Käufer und ein blosser Verkäufer, die sich gegenüberstehn, sondern es sind *Kapitalist* und *Arbeiter*, die sich in der Zirkulationssphäre, auf dem Markt, als *Käufer* und *Verkäufer* gegenübertreten. Ihr Verhältnis als *Kapitalist* und *Arbeiter* ist die Voraussetzung für ihr Verhältnis als *Käufer* und *Verkäufer*. Es ist nicht wie bei andren Warenverkäufern ein Verhältnis, das schlechthin aus der Natur der Ware selbst entspringt, dass nämlich Keiner unmittelbar die Produkte für seinen Lebensbedarf produziert, sondern Jeder ein bestimmtes Produkt als *Ware* produziert, durch deren Verkauf er sich die Produkte des andern aneignet. Es ist nicht diese *gesellschaftliche Teilung der*

Art der Arbeit, die sie verrichtet, ist nirgends wo so bewusst, dass ihre Arbeit stets dasselbe Produkt, Geld, liefert und passiert nirgendwo mit derselben Nonchalance durch die disparatesten Arbeitszweige. Diese «Variabilität» des Arbeitsvermögens erscheint hier daher als eine ganz distinkte Eigenschaft des freien Arbeiters im Gegensatz zum arbeitenden Sklaven, dessen Arbeitsvermögen stabil und nur in der einmal lokal herkömmlichen Weise zu verwenden ist. «Slave labour is eminently defective in point of versatility... if tobacco be cultivated, tobacco becomes the sole staple, and tobacco is produced whatever be the state of the market, and whatever be the condition of the soil». (46, 47. *Cairns*, l. c.).

[145] «Das Verhältnis des Fabrikanten zum Arbeiter ist... ein rein ökonomisches. Der Fabrikant ist «das Kapital», der Arbeiter ist die «Arbeit». *F. Engels. Lage der arbeitenden Klassen etc.*, p. 329.

Arbeit und Verselbständigung der verschiedenen Arbeitszweige gegen einander, wie sie z. B. den Schuster zum Verkäufer von Stiefeln und zum Käufer von Leder oder Brot macht. Sondern es ist die *Teilung* der zusammengehörigen *Elemente des Produktionsprozesses* selbst und ihre bis zur wechselseitigen Personifikation fortgehende *Verselbständigung* gegen einander, wodurch *Geld* als allgemeine Form der *vergegenständlichten Arbeit* zum *Käufer* von Arbeitsvermögen, der lebendigen Quelle des *Tauschwerts* und daher des Reichtums wird. Der *wirkliche* Reichtum, dem Tauschwert nach betrachtet, *Geld*, dem Gebrauchswert nach betrachtet, *Lebensmittel und Produktionsmittel* — tritt als Person, der *Möglichkeit* des Reichtums, d. h. dem Arbeitsvermögen, als einer andren Person gegenüber.

469m | Indem *Mehrwert* das spezifische Produkt des Produktionsprozesses, ist sein Produkt nicht nur Ware, sondern *Kapital*. Innerhalb des Produktionsprozesses verwandelt sich die Arbeit in Kapital. Die Tätigkeit des Arbeitsvermögens, d. h. die Arbeit, *vergegenständlicht* sich im Produktionsprozess, wird so Wert, aber da die Arbeit, schon bevor sie beginnt, aufgehört hat dem Arbeiter selbst zu gehören, ist das, was sich für ihn vergegenständlicht, *Vergegenständlichuug fremder Arbeit* und daher dem Arbeitsvermögen selbständig gegenübertrender Wert, *Kapital*. Das *Produkt* gehört dem Kapitalisten und es stellt dem Arbeiter gegenüber ebensosehr Kapital vor wie die *Produktionselemente*. Andrerseits wird vorhandener Wert — oder Geld — erst *wirklich* Kapital, erstens indem es als sich verwertender Wert, als *prozessierender* Wert darstellt, und als solcher stellt es sich dar, indem die Tätigkeit des Arbeitsvermögens, die Arbeit, im Produktionsprozess als ihm einverleibte und selbst gehörige Energie wirkt, und zweitens indem es als *Mehrwert* sich von sich als ursprünglich vorausgesetztem *Wert* unterscheidet, was wieder Resultat der Vergegenständlichung der Mehrarbeit ist.

Im Produktionsprozess wird die Arbeit *vergegenständlichte Arbeit* im Gegensatz zum lebendigen Arbeitsvermögen, d. h. Kapital, und zweitens wird durch dieselbe Einsaugung und Aneignung der Arbeit im Produktionsprozess der vorausgesetzte Wert *prozessierender* Wert und daher Wert, der einen von sich verschiedenen Mehrwert schafft. Nur dadurch, dass sich die Arbeit während des Produktionsprozesses in Kapital verwandelt, verwirklicht sich die vorausgesetzte Wertsumme, die nur δυνάμει Kapital war, als *wirkliches Kapital*[146].*

263 [...] ‖ d. h. aus der Produktion einen höheren Wert zurückzuerhalten als die Summe der Werte beträgt, die der Kapitalist in ihm und für ihn (den Produktionsprozess) vorschiesst. Die Produktion der Waren selbst erscheint nur als ein Mittel für diesen Zweck, wie überhaupt der Arbeitsprozess nur als Mittel des Verwertungsprozesses erscheint. Verwertungsprozess ist hier zu nehmen nicht in dem frühern Sinn als Wertbildungsprozess, sondern als Prozess für die Bildung von Mehrwert.

Dies Resultat wird aber zu Wege gebracht, soweit die lebendige Arbeit, die der Arbeiter zu leisten hat, und die sich daher auch in dem Produkt seiner Arbeit vergegenständlicht, grösser ist als die im variablen Kapital enthaltene oder in Arbeitslohn ausgelegte Arbeit oder, was dasselbe, als die zur Reproduktion des Arbeitsvermögens erheischte Arbeit. Insofern nur durch die Produktion von Mehrwert der vorgeschossene Wert Kapital wird, beruht die Entstehung des Kapitals selbst, wie der kapitalistische Produktionsprozess zunächst auf zwei Momenten:

Erstens *Kauf und Verkauf des Arbeitsvermögens*, ein Akt, der in die Zirkulationssphäre fällt, aber das *Ganze des kapitalistischen Produktionsprozesses* betrachtet, nicht nur ein Moment und eine Voraussetzung, sondern auch das beständige Resultat desselben bildet. Dieser Kauf und Verkauf des Arbeitsvermögens unterstellt die Trennung der gegenständlichen Arbeitsbedingungen — also der *Lebensmittel und Produktionsmittel* — von dem lebendigen Arbeitsvermögen selbst, so dass das letztre das einzige Eigentum, worüber der Arbeiter zu verfügen, und die einzige Ware, die er zu verkaufen hat. Die Trennung geht so weit fort, dass jene Bedingungen der Arbeit als *selbständige Personen* dem Arbeiter gegenübertreten, denn der Kapitalist als Besitzer derselben ist nur ihre Personifikation im Gegensatz zum Arbeiter als dem blossen Besitzer des Arbeitsvermögens. Diese Trennung und Verselbständigung ist vorausgesetzt, damit der Kauf und Verkauf des

[146] «Sie (die Arbeiter) tauschen ihre Arbeit (soll heissen ihr Arbeitsvermögen) aus gegen Getreide (id est Lebensmittel). Dies wird für sie Revenu (d. h. fällt ihrer individuellen Konsumtion anheim)... während ihre *Arbeit zum Kapital* für ihren Herrn geworden ist». (*Sismondi*. N. P. T. I. p. 90). «Die Arbeiter, welche ihre Arbeit im Austausch gebend, sie *in Kapital verwandeln*». (l. c., p. 105).

* [Hier schliesst das erste, S. 44 beginnende Einschiebsel, das die Manuskriptseiten 469a — 469m bilden. Nach Marx' Angabe (sieh S. 42 u. 44 unsere Note) folgt hier nunmehr ein zweites, das Marx als Seite 262 — 264 bezeichnet hat. Seite 262 fehlt. *D. Red.*]

Arbeitsvermögens vorgehe, also überhaupt die lebendige Arbeit der toten Arbeit als Mittel zu ihrer Selbsterhaltung und Selbstvermehrung, also Selbstverwertung einverleibt werde. Ohne den *Austausch* des variablen Kapitals gegen Arbeitsvermögen fände keine Selbstverwertung des Gesamtkapitals statt und daher keine Kapitalbildung oder keine Verwandlung von Produktionsmitteln und Lebensmitteln in Kapital. Das zweite Moment ist nun der wirkliche Produktionsprozess, d. h. also der wirkliche Konsumtionsprozess des vom Geld- oder Warenbesitzer eingekauften Arbeitsvermögens*.

264 || Im wirklichen Produktionsprozess dienen die gegenständlichen Bedingungen der Arbeit — Material und Mittel der Arbeit — nicht nur dazu, dass sich die lebendige Arbeit vergegenständlicht, sondern dass sich *mehr* Arbeit vergegenständlicht als im variablen Kapital enthalten war. Sie dienen also als Absorptionsmittel und Erpressungsmittel der Mehrarbeit, die sich im Mehrwert (und surplusproduce) darstellt. Betrachtet man also beide Momente, erstens den Austausch des Arbeitsvermögens gegen das variable Kapital, und zweitens den wirklichen Produktionsprozess (worin die lebendige Arbeit als agens dem Kapital einverleibt ist), so erscheint der ganze Prozess als ein Prozess, worin 1) weniger vergegenständlichte Arbeit gegen mehr lebendige Arbeit ausgetauscht wird, insofern das, was der Kapitalist realiter für den Arbeitslohn erhält, lebendige Arbeit ist; und 2) die

---

* [Das nachstehende Zitat, wovon der Anfang fehlt, steht im Manuskript unmittelbar unter dem vorstehenden deutschen Text, auf den es keine Beziehung hat. Es ist vielmehr die Fortsetzung einer Fussnote, [die sich auf den Text der fehlenden Seite 262 bezog. *D. Red.*:]
to three capital workmen or to 4] ordinary ones... If the three could be hired at 3 l. 10 sh. a piece, while the 4 required 3 l. a piece, though the wages of the three would be higher, the price of the work done by them would be lower. It is true that the causes which raise the amount of the labourers' wages often raise the rate of the capitalist's profit. If, by increased industry, one man performs the work of two, both the amount of wages, and the rate of profits will generally be raised; not by the rise of wages, but *in consequence of the additional supply of labour having diminished its price*, or having diminished the period for which it had previously been necessary to advance that price. The labourer, on the other hand, is principally interested in the *amount of wages*. The amount of his wages being given, it is certainly his interest that the *price of labour should be high*, for on that depends the *degree of exertion* imposed on him». (l. c. 14, 5). Aus derselben Schrift:

«The labourer's situation does not depend on the amount which he receives at any one time, but on his average receipts during a given period... the longer the period taken, the more accurate will be the estimate». (7. l. c.). «Das Jahr am besten als Periode. Umfasst Sommer- und Winterlöhne». (7. l. c.).

gegenständlichen Formen, worin sich das Kapital unmittelbar im Arbeitsprozess darstellt, die Produktionsmittel (also wieder vergegenständlichte Arbeit) als Mittel zur Erpressung und Absorption dieser lebendigen Arbeit — das Ganze als ein Prozess, der zwischen vergegenständlichter und lebendiger Arbeit vorgeht, ein Prozess, der nicht nur die lebendige Arbeit in vergegenständlichte, sondern zugleich die vergegenständlichte Arbeit in Kapital verwandelt, also auch die lebendige Arbeit in Kapital verwandelt. Es ist daher ein Prozess, in dem nicht nur Ware, sondern Mehrwert produziert wird und daher *Kapital.* (cf. 96 — 108) *.

Die Produktionsmittel stellen sich hier dar nicht nur als Mittel zur Verwirklichung der Arbeit, sondern ganz ebensosehr als *Exploitationsmittel fremder Arbeit* **.

[469] || Es ist über den Wert oder Geld als Vergegenständlichung allgemeiner gesellschaftlicher Durchschnittsarbeit dies noch zu bemerken: Z. B. Spinnarbeit mag an und für sich *über* oder *unter* dem Niveau der gesellschaftlichen Durchschnittsarbeit stehn. D. h. ein gewisses Quantum Spinnarbeit mag $= > <$ demselben Quantum gesellschaftlicher Durchschnittsarbeit, z. B. der in einem gewissen Quantum Gold vergegenständlichten Arbeitszeit von gleicher Grösse (Länge) sein. Wenn aber die Spinnarbeit mit dem in ihrer *Sphäre* normalen Grad der Intensivität verrichtet wird, also z. B. die auf das in einer Stunde fabrizierte Garn verwandte Arbeit = dem Normalquantum Garn ist, das eine Stunde Spinnarbeit unter den gegebenen gesellschaftlichen Bedingungen im Durchschnitt liefert, ist die in dem Garn vergegenständlichte Arbeit *gesellschaftlich notwendige Arbeit.* Als solche hat sie ein quantitativ bestimmtes Verhältnis zu der gesellschaftlichen Durchschnittsarbeit überhaupt, die als Mass gilt, so dass sie dasselbe, grösseres, kleineres Quantum derselben darstellt. Sie drückt also selbst ein *bestimmtes Quantum* der gesellschaftlichen Durchschnittsarbeit aus.

Formelle Subsumtion der Arbeit unter das Kapital

Der Arbeitsprozess wird zum Mittel des Verwertungsprozesses, des Prozesses der Selbstverwertung des Kapitals — der Fabrikation von Mehrwert. Der Arbeitsprozess wird subsumiert unter das Kapital (es ist sein *eigner* Prozess) und der Kapitalist tritt in den Prozess als

* [Das Eingeklammerte bezieht sich auf S. 44—84 dieses Bandes, nämlich auf die Seiten 469a — 469m des Manuskripts. Siehe S. 42—44, unsere Note. *D. Red.*]

** [Hier schliesst das zweite Einschiebsel (S. 262—264 des Manuskripts, wovon S. 262 fehlt). Das Folgende ist die Fortsetzung der S. 469 des Manuskripts (S. 42 dieses Bandes). *D. Red.*]

Dirigent, Leiter; es ist für ihn zugleich unmittelbar Exploitationsprozess fremder Arbeit. Dies nenne ich die *formelle Subsumtion der Arbeit unter das Kapital.* Es ist die *allgemeine* Form alles kapitalistischen Produktionsprozesses; es ist aber zugleich eine *besondere* Form neben der entwickelten *spezifisch-kapitalistischen Produktionsweise,* weil die letztere die erstere, die erstere aber keineswegs notwendig die letztere involviert.

470 || Der Produktionsprozess ist der Prozess des Kapitals selbst geworden. Es ist ein Prozess, der mit den *Faktoren des Arbeitsprozesses* vorgeht, worin sich das Geld des Kapitalisten verwandelt hat, und der unter seiner Leitung vorgeht, und zum Zweck vorgeht aus Geld Mehr Geld zu machen.

Wenn der früher unabhängig für sich selbst produzierende Bauer zum Taglöhner wird, der für einen Pächter arbeitet, wenn die in der zünftigen Produktionsweise geltende hierarchische Gliederung vor dem einfachen Gegensatz eines Kapitalisten, der Handwerker als Lohnarbeiter für sich arbeiten lässt, verschwindet, wenn der frühere Sklavenhalter seine früheren Sklaven als Lohnarbeiter beschäftigt usw., so sind anders gesellschaftlich bestimmte Produktionsprozesse in den Produktionsprozess des Kapitals verwandelt. Es treten damit die früher entwickelten Aenderungen ein. Der früher unabhängige Bauer wird als Faktor des Produktionsprozesses abhängig von dem Kapitalisten, der selben leitet und seine Beschäftigung selbst hängt von einem Kontrakt ab, den er als Warenbesitzer (Besitzer von Arbeitskraft) mit dem Kapitalisten als Geldbesitzer vorher geschlossen hat. Der Sklave hört auf, ein seinem Anwender angehöriges Produktionsinstrument zu sein. Das Verhältnis von Meister und Gesell verschwindet. Der Meister stand mit dem Gesellen im Verhältnis als Meister des Handwerks. Er steht ihm jetzt nur noch als Besitzer von Kapital, wie der andre ihm nur noch gegenübersteht als Verkäufer von Arbeit. Vor dem Produktionsprozess treten sie sich alle als Warenbesitzer gegenüber und haben nur ein *Geldverhältnis* zusammen, *innerhalb* des Produktionsprozesses als personifizierte Funktionäre der Faktoren dieses Prozesses, der Kapitalist als «Kapital», der unmittelbare Produzent als «Arbeit», und ihr Verhältnis ist bestimmt durch die Arbeit als blossen Faktor des sich selbst verwertenden Kapitals.

Ferner sorgt der Kapitalist dafür, dass die Arbeit den normalen Grad der Güte und Intensivität besitzt und verlängert den Arbeitsprozess soviel als möglich, da damit der von ihm produzierte Mehrwert wächst. Es wächst die *Kontinuität* der Arbeit, wenn an der Stelle früher von einzelnen Kunden abhängigen Produzenten, letztere, die keine Ware mehr zu verkaufen haben, am Kapitalisten einen fortwährenden Zahlmeister besitzen.

Es tritt auch die dem *Kapitalverhältnis* immanente Mystifikation ein. Die Werterhaltende Kraft der Arbeit erscheint als Selbsterhaltungskraft des Kapitals, die Wertschöpferische Kraft der Arbeit als Selbstverwertende Kraft des Kapitals, und im Ganzen, dem Begriff nach, die *vergegenständlichte* Arbeit als Anwender der *lebendigen*.

Trotz alledem ist mit jenem change durchaus nicht von vorn herein ein wesentlicher Wechsel in der realen Art und Weise des Arbeitsprozesses, des wirklichen Produktionsprozesses eingetreten. Im Gegenteil liegt es in der Natur der Sache, dass da die Subsumtion des Arbeitsprozesses unter das Kapital eintritt — auf Grundlage eines *vorhandenen Arbeitsprozesses,* der vor dieser seiner Subsumtion unter das Kapital bestand, der sich auf Grundlage früher verschiedener Produktionsprozesse und anderer Produktionsbedingungen gestaltet hat — das Kapital sich einen *gegebenen, vorhandenen Arbeitsprozesess* subsumiert, also z. B. handwerksmässige Arbeit, die der kleinen, selbständigen Bauernwirtschaft entsprechende Weise der Agrikultur. Treten Aenderungen in diesen überlieferten und vom Kapital unter sein Kommando gebrachten *Arbeitsprozessen* ein, so können diese Modifikationen nur allmähliche *Folgen* der bereits erfolgten Subsumtion gegebener, überlieferter Arbeitsprozesse unter das Kapital sein. Dass die Arbeit intensiver wird, oder die Dauer des Arbeitsprozesses sich verlängert, dass die Arbeit kontinuierlicher und unter dem Auge des interessierten Kapitalisten ordnungsmässiger usw. wird, verändert an und für sich nicht den Charakter des realen Arbeitsprozesses selbst, der realen Arbeitsweise. Es bildet dies also einen grossen Kontrast zu der, wie gezeigt, im Fortgang der kapitalistischen Produktion sich entwickelnden spezifisch *kapitalistischen Produktionsweise* (Arbeit auf grosser Stufenleiter etc.), die gleichzeitig mit den Verhältnissen der verschiedenen Produktionsagenten, die Art dieser Arbeit und die reale Weise des ganzen Arbeitsprozesses *revolutioniert.* Es ist im Gegensatz zur letztern, dass wir die bisher betrachtete Subsumtion des Arbeitsprozesses (einer schon vor Eintritt des Kapitalverhältnisses entwickelten Arbeitsweise unter dasselbe) unter das Kapital *die formelle Subsumtion der Arbeit unter das Kapital* nennen. Das Kapitalverhältnis als *Zwangsverhältnis,* um Mehrarbeit zu erzwingen durch Verlängerung der Arbeitszeit — ein Zwangsverhältnis, das auf keinen persönlichen Herrschafts- und Abhängigkeitsverhältnissen beruht, sondern einfach aus verschiedenen ökonomischen Funktionen entspringt — ist beiden Weisen gemeinsam, aber die spezifisch kapitalistische Produktionsweise kennt auch noch andre Weisens den Mehrwert zu erzwingen. Dagegen auf Basis einer vorhandenen Arbeitsweise, also einer *gegebenen* Entwicklung der Produktivkraft der Arbeit und dieser Produktivkraft entsprechenden Weise der Arbeit kann Mehrwert nur erzeugt werden durch *Verlängerung der Arbeitszeit*, also in der Weise des *absoluten Mehrwerts.* Dieser als der einzigen Form der Produktion des Mehrwerts entspricht daher die *formelle Subsumtion*, *der Arbeit unter das Kapital.*

471 Die allgemeinen Momente des Arbeitsprozesses, wie sie in Ch. II dargestellt werden, also z. B. die Diremtion der gegenständlichen Bedingungen der Arbeit in Material und Mittel gegenüber der lebendigen Tätigkeit der Arbeiter selbst usw., sind von jedem historischen und spezifisch gesellschaftlichen Charakter des Produktionsprozesses unabhängige, und für alle möglichen Entwicklungsformen desselben gleich wahr bleibende Bestimmungen, in der Tat unveränderliche Naturbedingungen der menschlichen Arbeit. Es zeigt sich dies gleich schlagend darin, dass sie für die unabhängig arbeitenden, nicht im Austausch mit der Gesellschaft, sondern nur im Austausch mit der Natur produzierenden Menschen gelten, Robinson usw. Es sind also in der Tat absolute Bestimmungen der *menschlichen* Arbeit überhaupt, sobald sie sich aus dem rein tierischen Charakter herausgearbeitet hat.

Worin der selbst nur formell unter das Kapital subsumierte Arbeitsprozess von vorn herein sich unterscheidet und wodurch er sich mehr und mehr unterscheidet, selbst auf Basis der alten überlieferten Arbeitsweise — ist die *Stufenleiter*, worin er ausgeführt wird, also auf der einen Seite der Umfang der vorgeschossenen Produktionsmittel, andrerseits die Anzahl der von demselben employer kommandierten Arbeiter. Was z. B. auf Basis der zünftigen Produktionsweise als Maximum erscheint (z. B. mit Bezug auf die Gesellenanzahl) kanu kaum ein Minimum bilden für das Kapitalverhältnis. Denn in der Tat kann dies nur noch ganz nominell eintreten, wo der Kapitalist nicht wenigstens so viel Arbeiter beschäftigt, dass der von ihm produzierte Mehrwert als Revenu für seine Privatkonsumtion, und als Akkumulationsfonds hinreicht, so dass er selbst unmittelbarer Arbeit enthoben ist, und nur noch als *Kapitalist* arbeitet, als Oberaufseher und Leiter des Prozesses, gleichsam die mit Willen und Bewusstsein begabte Funktion des in seinem Verwertungsprozess begriffenen Kapitals vollzieht. Diese Erweiterung der *Stufenleiter* bildet denn auch die reale Basis, worauf sich die spezifisch kapitalistische Produktionsweise unter sonst günstigen historischen Verhältnissen, wie denen des 16. Jahrhunderts z. B., erhebt, obgleich sie natürlich *sporadisch*, als nicht die Gesellschaft beherrschend, an einzelnen Punkten erscheinen kann innerhalb früherer Gesellschaftsformen.

Am deutlichsten wird der unterscheidende Charakter der *formellen Subsumtion der Arbeit unter das Kapital* durch Vergleich mit Zuständen, wo das Kapital bereits in bestimmten, untergeordneten Funktionen, aber noch nicht in seiner herrschenden, die allgemeine Gesellschaftsform bestimmenden Funktion als unmittelbarer Käufer von Arbeit und als unmittelbarer Aneigner des Produktionsprozesses existiert. Das *Wucherkapital* z. B., soweit es den unmittelbaren Produzenten, wie in Indien z. B., Rohmaterial, Arbeitsinstrument oder auch beides in der Form von Geld vorschiesst. Die ungeheuren Zinsen, die es zieht, die Zinsen, die es überhaupt, abgesehn von ihrer Grösse, dem unmittelbaren Produzenten so erpresst, sind nur ein andrer Name für Mehrwert. Es verwandelt in der Tat sein Geld dadurch in Kapital, dass es den unmittelbaren Produzenten unbezahlte Arbeit erpresst, Surplusarbeit. Aber es mischt sich nicht in den Produktionsprozess selbst, der nach wie vor in seiner herkömmlichen Weise neben ihm vorgeht. Es schiesst auf teils aus der *Verkümmrung* dieser Produktionsweise, teils ist es ein Mittel sie zu *verkümmern* und in den ungünstigsten Bedingungen sie fortvegetieren zu machen. Hier findet *noch nicht* die formelle Subsumtion der Arbeit unter das Kapital statt. Ein andres Beispiel ist das *Kaufmannskapital*; so weit es einer Anzahl unmittelbarer Produzenten Aufträge gibt, dann ihre Produkte sammelt und sie verkäuft, wobei es auch das Rohmaterial etc. vorschiessen mag oder auch Geldvorschüsse machen usw. Es ist diese Form, woraus sich zum Teil das moderne Kapitalverhältnis entwickelt hat, und die hier und da noch immer den Uebergang zum eigentlichen Kapitalverhältnis bildet. Auch hier findet noch keine formelle Subsumtion der Arbeit unter das Kapital statt. Der unmittelbare Produzent bleibt immer noch zugleich der Warenverkäufer und Anwender seiner eigenen Arbeit. Es ist hier aber schon mehr als in dem Verhältnis des Wucherkapitals der Uebergang vorhanden. Beide Formen, auf die wir gelegentlich später zurückkommen, reproduzieren sich als Neben- und Uebergangsformen innerhalb der kapitalistischen Produktionsweise.

472 Reelle Subsumtion der Arbeit unter das Kapital oder die spezifisch kapitalistische Produktionsweise

Es ist Ch. III ausführlich entwickelt worden, wie sich mit der *Produktion des relativen Mehrwerts* — (für den einzelnen Kapitalisten, soweit er die *Initiative* ergreift, dadurch gestachelt, dass der Wert = der gesellschaftlich notwendigen Arbeitszeit, die im Produkt vergegenständlicht; dass also *Mehrwert* für ihn kreiert ist, sobald der *individuelle* Wert seines Produkts *unter* dessen gesellschaftlichem Wert steht, und daher *über* seinem individuellen Wert verkauft werden kann)—die ganze reale Gestalt der Produktionsweise ändert und eine spezifisch *kapitalistische Produktionsweise* (auch technologisch) entspringt, auf deren Basis und mit der sich zugleich auch erst die dem kapitalistischen *Produktionsprozesse* entsprechenden *Produktionsverhältnisse* zwischen den verschiedenen Agenten der Produktion, und speziell zwischen Kapitalist und Lohnarbeiter, entwickeln.

Die *gesellschaftlichen* Produktivkräfte der Arbeit, oder die Produktivkräfte direkt *gesellschaftlicher*, *vergesellschafteter* (gemeinsamer) Arbeit, durch die Kooperation, die Teilung der Arbeit innerhalb des Ateliers, die Anwendung der *Maschinerie*, und überhaupt die Verwandlung des Produktionsprozesses in bewusste *Anwendung* der Naturwissenschaft, Mechanik, Chemie etc., für bestimmte Zwecke, *Technologie* usw., ebenso wie das allem diesen entsprechende *Arbeiten auf grosser Stufenleiter* usw. (es ist nur diese vergesellschaftete Arbeit, die fähig ist, die *allgemeinen* Produkte der menschlichen Entwicklung, wie Mathematik etc. auf den *unmittelbaren* Produktionsprozess anzuwenden, wie andrerseits die Entwicklung dieser Wissenschaften eine bestimmte Höhe des materiellen Produktionsprozesses voraussetzt), diese Entwicklung der Produktivkraft der *vergesellschafteten Arbeit* im Gegensatz zur mehr oder minder isolierten Arbeit der Einzelnen usw. und mit derselben die *Anwendung der Wissenschaft*, dieses *allgemeinen* Produkts der gesellschaftlichen Entwicklung auf den *unmittelbaren Produktionsprozess*, dies alles stellt sich dar als *Produktivkraft des Kapitals*, nicht als Produktivkraft der Arbeit, oder nur als Produktivkraft der Arbeit, soweit sie mit dem Kapital identisch ist, und jedenfalls nicht als Produktivkraft weder des einzelnen Arbeiters, noch der im Produktionsprozess kombinierten Arbeiter. Die Mystifikation, die im Kapitalverhältnis überhaupt liegt, wird jetzt viel weiter entwickelt, als es bei der nur formellen Subsumtion der Arbeit unter das Kapital der Fall war und sein konnte. Andrerseits tritt hier auch die historische Bedeutung der kapitalistischen Produktion, eben durch die Umwandlung des unmittelbaren Produktionsprozesses selbst und die Entwicklung der gesellschaftlichen Produktivkräfte der Arbeit, erst schlagend hervor (spezifisch hervor).

Es ist nachgewiesen worden (Ch. III), wie nicht nur «vorgestellt», sondern «tatsächlich» das «Gesellschaftliche» etc. seiner Arbeit dem Arbeiter nicht nur fremd, sondern feindlich und gegensätzlich, und als im Kapital vergegenständlicht und personifiziert gegenübertritt.

Wie die Produktion des absoluten Mehrwerts als materieller Ausdruck der formellen Subsumtion der Arbeit unter das Kapital, so kann die Produktion des relativen Mehrwerts als die der reellen Subsumtion der Arbeit unter das Kapital betrachtet werden.

Jedenfalls entsprechen den beiden Formen des Mehrwerts — dem absoluten und relativen — wenn sie jede für sich in getrennter Existenz betrachtet werden — und der absolute Mehrwert geht stets dem relativen vorher — zwei getrennte Formen der Subsumtion der Arbeit unter das Kapital, oder zwei getrennte Formen der kapitalistischen Produktion, von denen die erste immer den Vorläufer der andern bildet, obgleich die weiter entwickelte, die zweite, wieder die Basis für die Einführung der ersten in neuen Produktionszweigen bilden kann.

473 || **Nachträgliches über die formelle Subsumtion der Arbeit unter das Kapital**

Bevor wir weiter zur Betrachtung der reellen Subsumtion der Arbeit unter das Kapital fortschreiten, noch folgendes Nachträgliche aus meinen Heften.

Die auf dem absoluten Surpluswert beruhende Form nenne ich *Formelle Subsumtion der Arbeit unter das Kapital,* weil sie sich nur *formell* von den frühern Produktionsweisen unterscheidet, auf deren Grundlage sie unmittelbar entspringt (eingeführt wird), sei es nun, dass darin der Producer selfemploying, sei es, dass die unmittelbaren Produzenten Surplusarbeit für andre liefern müssen. Der *Zwang,* der ausgeübt wird, ist andrer Art, id est die Methode, wodurch die Surplusarbeit erzwungen wird. Das wesentliche bei der *formellen Subsumtion* ist:

1) das reine Geldverhältnis zwischen dem, der die Surplusarbeit aneignet und dem, der sie liefert: soweit *Unterordnung* entspringt, entspringt sie aus dem *bestimmten Inhalt* des Verkaufs, nicht aus einer *ihm* vorausgesetzten *Unterordnung,* wodurch der Produzent in andres Verhältnis als das Geldverhältnis (Verhältnis von Warenbesitzer zu Warenbesitzer) gegen den Exploiteur seiner Arbeit infolge politischen etc. Verhältnisses gestellt wäre; es ist *nur* als Besitzer der Arbeitsbedingungen, dass hier der Käufer den Verkäufer in seine *ökonomische* Abhängigkeit bringt; kein politisches und sozial fixiertes Verhältnis von Ueber- und Unterordnung;

2) was in dem ersten Verhältnis eingeschlossen ist — denn sonst hätte der Arbeiter nicht sein Arbeitsvermögen zu verkaufen, dass seine *objektiven Arbeitsbedingungen* (Produktionsmittel) und *subjektiven Arbeitsbedingungen* (Lebensmittel) ihm als *Kapital,* als monopolisiert

vom Käufer seines Arbeitsvermögens gegenüberstehn. Je vollständiger diese *Arbeitsbedingungen* ihm als fremdes Eigentum gegenüberstehn, umso vollständiger findet *formell* das *Verhältnis von Kapital und Lohnarbeit* statt, also formelle Subsumtion der Arbeit unter das Kapital, die Bedingung und Voraussetzung der *reellen* Subsumtion.

In der Produktionsweise selbst findet hier noch kein Unterschied statt. Der *Arbeitsprozess*, *technologisch* betrachtet, geht grad vor sich wie früher, nur jetzt als dem Kapital *untergeordneter* Arbeitsprozess. Es entwickelt sich jedoch im Produktionsprozess selbst, wie früher entwickelt, 1) ein *ökonomisches* Verhältnis der Ueber- und Unterordnung, indem der Konsum des Arbeitsvermögens vom Kapitalisten geschieht, daher von ihm überwacht und dirigiert wird; 2) es entwickelt sich grosse Kontinuität und Intensivität der Arbeit und grössere Oekonomie in der Anwendung der Arbeitsbedingungen, indem alles aufgeboten wird, damit das Produkt nur *gesellschaftlich notwendige* (oder rather noch weniger) *Arbeitszeit* darstellt und dies sowohl mit Bezug auf die lebendige Arbeit, die zu seiner Produktion verwandt wird, als in Bezug auf die *vergegenständlichte* Arbeit, die als Wert der angewandten Produktionsmittel wertbildend in es eingeht.

Bei der *formellen Subsumtion* der Arbeit unter das Kapital erhält der *Zwang zur Surplusarbeit* — und damit einerseits zur Bildung von Bedürfnissen und von Befriedigungsmitteln dieser Bedürfnisse, wie der Produktionsmasse über das Mass der traditionellen Bedürfnisse des Arbeiters hinaus — und Schaffung *freier Zeit* zur Entwicklung, unabhängig von der materiellen Produktion, *nur* eine *andre* Form als in früheren Produktionsweisen, aber eine Form, die die Kontinuität und Intensivität der Arbeit steigert, die Produktion vermehrt, der Entwicklung der *Variationen der Arbeitsvermögen* günstiger ist, und damit der Differenzierung der Arbeits- und Erwerbsweisen, endlich das Verhältnis der Besitzer der Arbeitsbedingungen und der Arbeiter selbst in ein reines *Kauf-und Verkaufverhältnis* oder *Geldverhältnis* auflöst, und das Exploitationsverhältnis von allen patriarchalischen und politischen oder auch religiösen Verquickungen *ausscheidet*. Allerdings erzeugt das *Produktionsverhältnis* selbst ein neues Verhältnis der *Ueber- und Unterordnung* (das auch *politische* etc. Ausdrücke seiner selbst produziert). Je weniger die kapitalistische Produktion über das formelle Verhältnis herauskommt, um so weniger ist auch jenes Verhältnis entwickelt, da es nur kleine Kapitalisten voraussetzt, die in Bildungs- und Beschäftigungsweise nur wenig von den Arbeitern selbst verschieden sind.

474 || Der Unterschied in der *Art des Verhältnisses der Ueber- und Unterordnung*, ohne die Produktionsweise selbst noch zu berühren, zeigt

sich am meisten, wo *ländliche* und *häusliche* Nebenarbeiten, die blos für den Bedarf der Familie betrieben wurden, in selbständig kapitalistische Arbeitszweige verwandelt werden.

Der Unterschied der *formell* vom Kapital subsumierten Arbeit von früherer Anwendungsart der Arbeit tritt in demselben Umfang hervor, worin die *Grösse des Kapitals* wächst, das der einzelne Kapitalist anwendet, also die *Anzahl der gleichzeitig von ihm beschäftigten Arbeiter.* Erst mit einem gewissen Minimum von Kapital hört der Kapitalist auf selbst Arbeiter zu sein und [beginnt] sich nur die Direktion des Arbeitsprozesses und den Handel mit den produzierten Waren vorzubehalten. Auch tritt erst die *reelle* Subsumtion der Arbeit unter das Kapital ein, *die eigentlich kapitalistische Produktionsweise*, wo sich Kapitalien von gewisser Grösse unmittelbar der Produktion bemächtigt haben, sei es dass der Kaufmann industrieller Kapitalist wird, sei es dass sich auf Basis der *formellen Subsumtion* grössre industrielle Kapitalisten gebildet haben [a][*].

* [Der Text dieser Fussnote steht auf einem nachträglch geschriebenen, zusätzlichen Blatt, das Marx nicht numerierte. Da unter dem Text der Manuskrtptseite 474, auf den sich die Fussnote bezieht, noch ein kurzer Absatz folgt, versah Marx die Fussnote mit der folgenden, ihr vorangestellten Bemerkung:]

[a] *Dies a) bezieht sich nicht auf den letzten Passus*, sondern auf den vorhergehenden.

[Auf diese Bemerkung folgt der Text der Fussnote. *D. Red.*:]

[474a] || a) «A free labourer has generally the liberty of changing his master: this liberty distinguishes a slave from a free labourer, as much as an Englisch man-of-war sailor is distinguished from a merchant sailor.... The condition of a labourer is superior to that of a slave, because a labourer *thinks* himself *free*; and this conviction, however erroneous, has no small influence on the character of a population». (56 — 57. *P.R. Edmonds. Practical, Moral and Political Economy. London, 1828*). «Das Motiv, das einen freien Mann zur Arbeit treibt, ist viel violenter, als das, welches einen Sklaven treibt: a free man has to choose between hard labour and *starvation* (*sieh die Stelle nach*), a slave between... and a good whipping». (56. l. c.). «The difference between the conditions of a slave and a labourer under the money system is very inconsiderable;... the master of the slave understands too well his own interest to weaken his slaves by stinting them in their food; but the master of a free man gives him as little food as possible, because *the injury done to the labourer does not fall on himself alone, but on the whole class of masters*». (l. c.).

«In der antiken Zeit, *to make mankind laborious beyond their wants*, to make *one part of a state* work, to *maintain the other part gratuitously*, nur zu bewerkstelligen durch Sklaven: Sklaverei war daher allgemein eingeführt. Slavery was then as necessary towards multiplication, as it would now be destructive of it. The reason is plain. *If mankind be not forced to labour, they will only labour for themselves*; and if they have few wants, there will be few labour. But when states come to be formed and have occasion for idle hands to defend them against the violence of their enemies, food at any rate must be procured for those

Tritt das Verhältnis der Ueber- und Unterordnung an die Stelle von Sklaverei, Leibeigenschaft, Vasallerei, patriarchalischen etc. Formen der Unterordnung, so findet nur eine *Verwandlung in seiner Form* statt. Die Form *wird freier*, weil sie nur noch *sachlicher* Natur, formell freiwillig, *rein ökonomich.* (*Verte*). *

475 || Oder das Verhältnis der *Ueber- und Unterordnung* im Produktionsprozess tritt an die Stelle früherer *Selbständigkeit* im Produktionsprozess, wie z. B. bei allen selfsustaining peasants, farmers, die nur eine Produktenrente, sei es an Staat, sei es an landlord zu zahlen hatten, ländlich-häuslicher Nebenindustrie oder *selbständigen Handwerks*. Hier ist also Verlust der frühern *Selbständigkeit* im Produktionsprozess vorhanden und das Verhältnis der Ueber- und Unterordnung ist selbst das Produkt der Einführung der kapitalistischen Produktionsweise.

Endlich kann das Verhältnis von Kapitalist und Lohnarbeiter an die Stelle des *zunftartigen Meisters*, seiner *Gesellen und Lehrlinge* treten, ein Uebergang, den zum Teil die städtische Manufaktur bei ihrer Entstehung durchmacht. Das *mittelaltrige Zunftverhältnis*, das sich in analoger Form auch in Athen und Rom in engen Kreisen entwickelt hat, und das so entscheidend wichtig war in Europa für Bildung der Kapitalisten einerseits, für Bildung eines freien Arbeiterstandes and-

who do not labour; and as by the supposition, the wants of the labourers are small, a method must be found to *increase their labour above the proportion of their wants*. For this purpose *slavery* was calculated... The slaves were forced to labour the soil which fed both them and the idle freemen, as was the case in Sparta; or they filled all the servile places which freemen fill now, and they were likewise employed, as in Greece and in Rome, in supplying with manufactures those whose service was necessary for the state. Here then was *a violent method of making mankind laborious* in raising food... Men were then forced to labour, because *they were slaves to others*; men are now forced to labour because they are *slaves of their own wants*». (*J. Steuart*. (*Dublin Edition*) v. I, p. 38 — 40).

«Im 16-ten Jahrhundert», sagt derselbe *Steuart*, «während einerseits die lords ihre retainers entliessen, entliessen die farmers», die sich in industrielle Kapitalisten verwandelten, «die idle mouths. Aus einem *means of subsistence* wurde die Agrikultur in einen *trade* verwandelt». Die Folge war «The withdrawing... a number of hands from a trifling agriculture *forces*, in a manner, *the husbandmen to work harder*; and *by hard labour upon a small spot*, the *same effect* is produced *as with slight labour upon a great extent*». (l. c., p. 105).

* [Dieser Hinweis bezieht sich auf die in unserer vorigen Note angeführte Bemerkung von Marx. *D. Red.*]

rerseits, ist eine *beschränkte,* noch nicht adäquate Form des Kapital- und Lohnarbeitverhältnisses. Es existiert hier einerseits das Verhältnis von Käufer und Verkäufer. Es wird Lohn gezahlt und Meister, Gesell und Lehrling stehn sich als freie Personen gegenüber. Die technologische Basis dieses Verhältnisses ist der *handwerksmässige Betrieb,* worin die mehr oder minder kunstmässige Handhabung des *Arbeitsinstruments* der entscheidende Faktor der Produktion ist, die selbständige persönliche Arbeit, und daher ihre professionelle Entwicklung, die grössere oder kürzere Lehrzeit erheischt, bestimmt hier das Resultat der Arbeit. Der Meister befindet sich hier zwar im Besitz der Produktionsbedingungen, Handwerkszeugs, Arbeitsmaterials (obgleich das Handwerkszeug auch dem Gesellen gehören kann), ihm gehört das Produkt. Insofern ist er *Kapitalist.* Aber als Kapitalist ist er nicht *Meister.* Er ist erstens zunächst selbst *Handwerker* und is supposed Meister zu sein in seinem Handwerk. Innerhalb des Produktionsprozesses selbst figuriert er ebensowohl als Handwerker wie seine Gesellen und er weiht erst seine Lehrlinge in das Geheimnis des Handwerks ein. Er hat zu seinen Lehrlingen ganz dasselbe Verhältnis wie ein Professor zu seinen Schülern. Sein Verhältnis zu Lehrlingen und Gesellen ist daher nicht das des Kapitalisten als solchen, sondern des *Meisters* im Handwerk, der als solcher in der Korporation und daher ihnen gegenüber eine hierarchische Stellung einnimmt, die is supposed auf seine eigene *Meisterschaft* im Handwerk zu beruhen. Sein Kapital ist daher auch sowohl seiner *stofflichen* Gestalt nach als seinem *Wertumfang* nach gebundenes Kapital, das keineswegs noch die freie Gestalt des Kapitals erhalten hat. Es ist nicht ein *bestimmtes Quantum vergegenständlichter Arbeit,* Wert überhaupt, die diese oder jene Form von Arbeitsbedingungen annehmen kann, beliebig annimmt, je nachdem es, um sich Surplusarbeit anzueignen, sich beliebig gegen diese oder jene Form der lebendigen Arbeit austauscht. Nur nachdem er die vorgeschriebenen Stufen von Lehrling, Gesell durchgemacht, usw., selbst sein Meisterstück geliefert hat, kann er Geld in *diesem bestimmten* Arbeitszweig, in seinem eignen Handwerk, teils in die objektiven Bedingungen des Handwerks umsetzen, teils Gesellen damit kaufen und Lehrlinge halten. Nur in seinem eignen Handwerk kann er sein Geld in Kapital verwandeln, d. h. nicht nur als Mittel seiner eignen Arbeit, sondern auch als Exploitationsmittel fremder Arbeit verwenden. Sein Kapital ist an eine bestimmte Form des *Gebrauchswerts* gebunden und tritt daher ebenso wenig als *Kapita* seinen Arbeitern gegenüber. Die Methoden der Arbeit, die er anwendet, sind nicht nur erfahrungsmässige, sondern zunftmässig vorgeschriebene — gelten als die notwendigen, und so erscheint auch nach dieser Seite nicht der Tauschwert, sondern der Gebrauchswert der Arbeit als der letzte Endzweck. Es hängt nicht von seinem Belieben ab, Arbeit von dieser oder jener Qualität zu liefern, sondern der ganze Zunftbetrieb darauf eingerichtet, dass *bestimmte Qualität* geliefert wird. So wenig wie die Arbeitsmethode, steht der Preis der Arbeit seinem Belieben anheim. Die *beschränkte* Form, die sein Vermögen hindert, als *Kapital* zu funktionieren, zeigt sich ferner darin, dass in der Tat ein *Maximum* für den Wertumfang seines Kapitals vorgeschrieben ist. Ueber eine *gewisse Zahl Gesellen* hinaus darf er nicht halten, da durch die Zunft sämtlichen Meistern eine Aliquote am Verdienst ihres Handwerks gesichert werden soll. Endlich das Verhältnis des Meisters zu andren Meistern als Mitglied derselben Zunft; als solcher gehörte er einer Korporation an, die gewisse gemeinschaftliche Produktionsbedingungen (Zunftbande etc.), politische Rechte, Anteil an der städtischen Verwaltung usw. [besass.] Er arbeitete auf Bestellung—mit Ausnahme seiner Arbeiten für Kaufleute — für den unmittelbaren Gebrauchswert, und demgemäss auch die Zahl der Meister geregelt. Er tritt nicht als *blosser Kaufmann* seinen Arbeitern gegenüber. Noch weniger kann der Kaufmann sein Geld in produktives Kapital verwandeln; er kann nur die Waren «verlegen», nicht sie selbst produzieren. *Standesmässige Existenz* — nicht der Tauschwert als solcher, nicht Bereicherung als solche erscheint hier als Zweck und Resultat der Exploitation fremder Arbeit. Das Entscheidende ist hier das *Instrument*. Der Rohstoff wird hier in vielen Arbeitszweigen (z. B. der Schneiderei) dem Meister selbst von seinen Kunden geliefert. Die Schranke der Produktion innerhalb des Ganzen der vorgefundenen Konsumtion ist hier Gesetz. Sie is also keineswegs geregelt durch die Schranken des Kapitals selbst. Im kapitalistischen Verhältnis verschwinden die Schranken mit den politisch-sozialen Banden, in denen hier noch das Kapital sich bewegt, daher noch nicht als *Kapital* erscheint.

476 || Die bloss formelle Verwandlung des handwerksmässigen Betriebs in kapitalistischen, wo also zunächst der technologische Prozess noch derselbe bleibt, besteht im *Fortfallen aller dieser Schranken* — womit auch das Verhältnis der Ueber- und Unterordnung sich ändert. Der Meister ist nun nicht mehr als Meister Kapitalist, sondern als Kapitalist Meister. Die Schranke seiner Produktion ist nicht mehr bedingt durch die Schranke seines Kapitals. Das Kapital (Geld) kann sich beliebig

gegen *jede Art* der Arbeit und daher der Arbeitsbedingungen austauschen. Er kann aufhören selbst Handwerker zu sein. Mit der plötzlichen Ausdehnung des Handels und damit der Nachfrage nach Waren durch den Kaufmannsstand, musste der zunftmässige Betrieb von selbst über seine Schranken getrieben, sich formell in kapitalistischen Betrieb umwandeln.

Gegenüber dem selbständigen Handwerker, der für strange customers arbeitet, vermehrt sich natürlich die Kontinuität des Arbeiters, der für den Kapitalisten arbeitet, dessen Arbeit keine Grenze an dem zufälligen Bedürfnis einzelner customers, sondern nur an dem Exploitationsbedürfnis des ihn beschäftigenden Kapitals. Dem Sklaven gegenüber wird diese Arbeit produktiver, weil intensiver, indem der Sklave nur unter dem Antrieb äusserer Furcht, aber nicht für *seine Existenz* arbeitet, die ihm nicht gehört, und doch *garantiert* ist; der freie Arbeiter dagegen getrieben von seinen wants. Das Bewusstsein (oder vielmehr die *Vorstellung*) der freien Selbstbestimmung, der Freiheit, macht den einen zu einem viel besseren Arbeiter als den anderen, und das damit verbundene feeling (Bewusstsein) of *responsibility;* da er, wie jeder Warenverkäufer, responsibel ist für die Ware, die er liefert und sie in gewisser Qualität liefern muss, soll er nicht von andern Warenverkäufern derselben Species aus dem Feld geschlagen werden. Die *Kontinuität des Verhältnisses* von Sklave und Sklavenhalter ist ein Verhältnis, worin der Sklave durch direkten Zwang erhalten wird. Der freie Arbeiter selbst muss es dagegen erhalten, da seine Existenz und die seiner Familie davon abhängt, dass er fortwährend den Verkauf seines Arbeitsvermögens an den Kapitalisten erneuert.

Bei dem Sklaven erscheint das *Minimum des Salairs* als eine von seiner Arbeit unabhängige, konstante Grösse. Bei dem freien Arbeiter stellt sich dieser *Wert seines Arbeitsvermögens* und der ihm entsprechende *Durchschnittsarbeitslohn* nicht in dieser prädestinierten, von seiner eignen Arbeit unabhängigen, durch seine bloss physischen Bedürfnisse bestimmten Grenze dar. Es ist hier der *Durchschnitt* für die *Klasse* mehr oder minder *konstant,* wie der Wert aller Waren; aber er existiert nicht in dieser unmittelbaren Realität für den *Einzelnen* Arbeiter, dessen Lohn über oder unter diesem Minimum stehn mag. *Der Preis der Arbeit* sinkt bald unter, bald steigt er über *den Wert des Arbeitsvermögens.* Ferner Spielraum (within narrow limits) für die *Individualität* des Arbeiters, wodurch Lohnverschiedenheit teils in *verschiedenen Arbeitszweigen,* teils in *demselben* Arbeitszweig, je nach Arbeitsamkeit, Geschick, Kraft etc. des Arbeiters, und zwar ist diese Verschiedenheit zum Teil bestimmt durch das Mass seiner eigenen persönlichen Leistung. So erscheint Lohngrösse wechselnd als Resultat seiner eigenen Arbeit und ihrer individuellen Qualität. Dies namentlich entwickelt, wo *Stücklohn* gezahlt. Obgleich dieser, wie gezeigt, am allgemeinen Verhältnis zwischen Kapital und Arbeit, zwischen Surplusarbeit und notwendiger Arbeit nichts ändert, so drückt sich dadurch doch das Verhältnis für den einzelnen Arbeiter verschieden aus und zwar nach Mass seiner persönlichen Leistung. Bei dem Sklaven können besondere Kraft oder Geschicklichkeit den *Kaufwert* seiner Person erhöhen, aber das geht ihn selbst nichts an. Anders bei dem freien Arbeiter, der Selbsteigner *seines Arbeitsvermögens* ist.

477 || Der höhre Wert dieses Arbeitsvermögens muss ihm selbst bezahlt werden und drückt sich in höherem Lohn aus. Es herrschen also grosse Lohnverschiedenheiten hier vor, je nachdem die besondere Arbeit höher entwickeltes, grössere Produktionskosten erheischendes Arbeitsvermögen erheischt oder nicht und damit ist einerseits der individuellen Verschiedenheit Spielraum eröffnet, andrerseits Sporn gegeben zur Entwicklung des eignen Arbeitsvermögens. So sicher es auch ist, dass die Masse der Arbeit aus mehr oder minder unskilled labour bestehn muss und daher auch die Masse des Arbeitslohns durch den *Wert des einfachen Arbeitsvermögens* bestimmt sein muss, so bleibt es einzelnen Individuen möglich, durch besondre Energie, Talent etc. in höhre Arbeitssphären sich aufzuschwingen, ganz wie die abstrakte Möglichkeit bleibt, dass dieser oder jener Arbeiter selbst Kapitalist und Exploiteur fremder Arbeit wird. Der Sklave gehört einem bestimmten *Master;* der Arbeiter muss sich zwar an das Kapital verkaufen, aber nicht an einen bestimmten Kapitalisten und so hat er innerhalb bestimmter Sphäre die Wahl, an wen er sich verkaufen will, und kann seinen master wechseln. Alle diese veränderten Beziehungen machen die Tätigkeit des freien Arbeiters intensiver, kontinuierlicher, beweglicher und geschickter als die des Sklaven, abgesehn davon, dass sie ihn selbst zu einer ganz andren historischen Aktion befähigen. Der Sklave erhält die für seinen Unterhalt nötigen Lebensmittel in *Naturalform,* die ebenso fixiert ist, der Art, wie dem Umfang nach — in *Gebrauchswerten.* Der freie Arbeiter erhält sie in der Form des *Gelds*, des *Tauschwerts*, der abstrakten sozialen Form des Reichtums. So sehr das Salair nun in der Tat nichts

ist als *versilberte* oder *vergoldete* oder *verkupferte* oder *verpapierte* Form der notwendigen Lebensmittel, in die es sich beständig auflösen muss — das *Geld* hier als nur verschwindende Form des Tauschwerts, als blosses *Zirkulationsmittel* funktioniert, bleibt doch in der Vorstellung der *abstrakte Reichtum*, der *Tauschwert*, nicht ein bestimmter, traditionell und lokal beschränkter Gebrauchswert für ihn Zweck und Resultat seiner Arbeit. Es ist der Arbeiter selbst, der das Geld in beliebige Gebrauchswerte umsetzt, mit ihm beliebige Waren kauft und als *Geldbesitzer*, als Käufer von Waren steht er ganz in demselben Verhältnis zu den Verkäufern von Waren, wie alle andren Käufer. Die Bedingungen seiner Existenz zwingen ihn natürlich — ganz so wie der Wertumfang des von ihm erworbenen Geldes — es in einen ziemlich umschriebenen Kreis von Lebensmitteln aufzulösen. Indes ist hier einige Variation möglich, wie z. B. Zeitungen in die notwendigen Lebensmittel des englischen städtischen Arbeiters eingehn. Er kann etwas sparen, schatzbildnern. Er kann auch seinen Lohn vergeuden für Schnaps etc. Aber so agiert er als freier Agent, er muss selbst herhalten; er ist sich selbst verantwortlich für die Art, worin he spends his wages. *Er lernt sich selbst beherrschen im Gegensatz zum Sklaven*, der eines Meisters bedarf. Allerdings gilt dies nur, wenn man die Verwandlung von Leibeignen oder Sklaven in freie Lohnrarbeiter betrachtet. Das kapitalistische Verhältnis erscheint hier als eine Erhebung in der sozialen Staffel. Umgekehrt, wo der selbständige Bauer oder Handwerker in einen Lohnarbeiter verwandelt wird. Welcher Unterschied zwischen der proud yeomanry of England, von der Shakespeare spricht, und den englischen Agrikulturtaglöhnern! Da der Zweck der Arbeit bei dem Lohnarbeiter allein das Salair, Geld, ein bestimmtes Quantum Tauschwert ist, in dem jede Besonderheit des Gebrauchswerts ausgelöscht, so ist er völlig gleichgültig gegen den *Inhalt* seiner Arbeit und daher die besondere Art seiner Tätigkeit, während diese Tätigkeit im Zunft- oder Kastensystem als Beruftstätigkeit gilt, bei dem Sklaven wie beim Arbeitsvieh nur eine bestimmte ihm aufgezwungene und überkommene Art der Tätigkeit, der Betätigung seines Arbeitsvermögens ist. Soweit daher nicht die Teilung der Arbeit das Arbeitsvermögen ganz vereinseitigt hat, *prinzipiell* ist der freie Arbeiter zu jeder Variation seines Arbeitsvermögens und seiner Arbeitstätigkeit empfänglich und bereit (wie sich ja bei der surpluspopulation des Landes zeigt, die beständig in die Städte ubergeht), die besseren Lohn verspricht. Ist der entwickelte Arbeiter mehr oder minder dieser Variation unfähig, so betrachtet er sie als stets offen für den neuen Nachwuchs, und die neue aufwachsende Arbeitergeneration ist beständig verteilbar und verfügbar für neue Arbeitszweige oder die besonders florierenden Arbeitszweige. In Nordamerika, wo die Lohnarbeit am freiesten von den Rückerinnerungen an altes Zunftwesen etc. entwickelt ist, zeigt sich denn auch besonders diese *Variabilität*, die vollkommene Gleichgültigkeit gegen den bestimmten Inhalt der Arbeit, und den Uebergang aus einem Zweig in den andren. Der Gegensatz dieser *Variabilität* gegen den eintönigen, traditionellen Charakter der *Sklavenarbeit*, die nicht den Produktionsverhältnissen nach variiert, sondern umgekehrt erheischt, dass die Produktion der einmal eingeführten und traditionell vererbten Arbeitsweise angepasst wird, wird daher auch von allen Schriftstellern der Vereinigten Staaten als gewisses Charakteristikum der freien Lohnarbeit des Nordens gegen die Sklavenarbeit des Südens betont. (Sieh *Cairns.*) Die beständige Bildung *neuer Arten* der Arbeit, diese fortwährende Variation — die Mannigfaltigkeit der Gebrauchswerte entspricht und daher auch ist wirkliche Entwicklung des Tauschwerts — daher fortgehende Teilung der Arbeit im *Ganzen der Gesellschaft* erst mit der kapitalistischen Produktionsweise möglich. Sie beginnt mit dem freien handwerksmässig-zünftigen Betrieb, wo sie nicht an der Verknöcherung jedes bestimmten Geschäftszweigs selbst eine Schranke findet.

478 || Nach diesem Zusätzlichen über die *formelle Subsumtion der Arbeit unter das Kapital*, kommen wir also jetzt zur:

Reellen Subsumtion der Arbeit unter das Kapital

Das allgemein Charakteristische der *formellen Subsumtion* bleibt, id est die direkte *Unterordnung des Arbeitsprozesses*, in welcher Weise technologisch immer betrieben, *unter das Kapital.* Aber auf dieser Basis erhebt sich eine technologisch und sonstig *spezifische*, die *reale Natur des Arbeitsprozesses* und *seine realen Bedingungen umwandelnde Produktionsweise*, — *kapitalistische Produktionsweise.* Erst sobald diese eintritt, findet statt *reale Subsumtion der Arbeit unter das Kapital.*

«*Agriculture for subsistance*... changed for *agriculture for trade*.., the *improvement of the national territory*... proportioned to this *change*». (49, Note. *A. Young. Political Arithmetic. London 1774*).

Die reale Subsumtion der Arbeit unter das Kapital wird entwickelt in allen den Formen, die den relativen Mehrwert im Unterschied vom absoluten entwickeln.

Mit der realen Subsumtion der Arbeit unter das Kapital findet eine völlige (und sich beständig fortsetzende und wiederholende)[a] Revolution in der Produktionsweise selbst statt, in der Produktivität der Arbeit und im Verhältnis von Kapitalist und Arbeiter.

Bei der reellen Subsumtion der Arbeit unter das Kapital treten alle früher von uns entwickelten changes im Arbeitsprozess selbst ein. Es werden die *sozialen Produktivkräfte der Arbeit* entwickelt und es wird mit der Arbeit auf grosser Stufenleiter die Anwendung von Wissenschaft und Maschinerie auf die unmittelbare Produktion. Einerseits schafft die *kapitalistische Produktionsweise*, die sich jetzt als eine Produktionsweise sui generis gestaltet, eine veränderte Gestalt der materiellen Produktion. Andrerseits bildet diese Veränderung der materiellen Gestalt die Basis für die Entwicklung des Kapitalverhältnisses, dessen adäquate Gestalt daher einem bestimmten Entwicklungsgrad der Produktivkräfte der Arbeit entspricht.

Man hat bereits gesehn, dass ein bestimmtes und stets *wachsendes Minimum von Kapital* in der Hand der einzelnen Kapitalisten einerseits notwendige Voraussetzung, andrerseits beständiges Resultat der *spezifisch* kapitalistischen Produktionsweise. Der Kapitalist muss Eigentümer oder Besitzer von Produktionsmitteln auf einer *gesellschaftlichen Stufenleiter* sein, in einem Wertumfang, der alles Verhältnis zu der möglichen Produktion des Einzelnen oder seiner Familie verloren hat. Das *Minimum des Kapitals* ist um so grösser in einem Geschäftszweig, je mehr er kapitalistisch betrieben wird, je höher die gesellschaftliche Produktivität der Arbeit in ihm entwickelt ist. In demselben Umfang muss das Kapital an Wertgrösse zunehmen und gesellschaftliche Dimensionen annehmen, also allen *individuellen* Charakter abstreifen. Eben die Produktivität der Arbeit, Masse der Produktion, Masse der Bevölkerung, Masse der Surplusbevölkerung, die diese Produktionsweise entwickelt, ruft mit freigesetzten Kapital und Arbeit beständig neue Geschäftszweige hervor, in denen das Kapital wieder auf kleiner Stufenleiter arbeiten kann und wieder die verschiedenen Entwicklungen durchlaufen, bis auch diese neuen Geschäftszweige auf gesellschaftlicher Stufenleiter betrieben werden. Dieser Prozess beständig. Gleichzeitig die *kapitalistische Produktion* tendierend sich alle ihrer bisher
479 noch nicht || bemächtigten *Industriezweige*, wo nur noch *formelle*

[a] *Manifest der Kommunistischen Partei* (1848).

Subsumtion, zu erobern. Sobald sie sich der Agrikultur, Minenindustrie, Manufaktur der Hauptkleidungsstoffe usw. bemächtigt hat, ergreift sie die andren Sphären, wo nur noch *formell* oder auch noch selbständige Handwerker. Schon bei Betrachtung der Maschinerei bemerkt worden, wie die Einführung der Maschinerie in einem Zweig, sie in andren Zweigen und zugleich in andern Arten desselben Zweiges mit sich führt. Z. B. die Maschinenspinnerei führt zur Maschinenweberei; die Maschinenspinnerei in der Baumwollindustrie zur Maschinenspinnerei in Wolle, Leinen, Seide usw. Die gehäufte Anwendung der Maschinerie in Kohlenbergwerken, Baumwollmanufactures usw. machte Einführung der grossen Produktionsweise im Maschinenbau selbst notwendig. Abgesehn von den gesteigerten Mitteln des Verkehrs, die diese Produktionsweise auf grosser Stufenleiter erheischte, ist es andrerseits nur durch Einführung der Maschinerie im Maschinenbau selbst — namentlich der zyklischen Prime Motors — die die Einführung von Dampfschiffen und Eisenbahnen möglich machte, den ganzen Schiffsbau umwälzte. Die grosse Industrie wirft in die ihr noch nicht unterworfenen Zweige solche Menschenmassen, oder erzeugt in ihnen solche relative Surpluspopulation, wie zur Verwandlung des Handwerks oder des kleinen formell-kapitalistischen Betriebs in grosse Industrie erheischt ist. Hier folgende Toryjeremiade:

«In the good old times, when «Live and let live» was the general motto, every man was contented with one avocation. In the cotton trade, there were weavers, cotton spinners, blanchers, dyers and several other independent branches, all living upon the profits of their respective trades, and all, as might be experted, contented and happy. By and by, however, when the downward course of trade had proceeded to some extent, first one branch was adopted by the capitalist, and then another, till in time, the whole of the people were ousted, and thrown upon the market of labour, to find out a livelihood in the best manner they could. Thus, although *no charter* secures to these men the right to be cotton-spinners, manufacturers, printers etc., yet the course of events has invested them *with a monopoly of all*... They have become Jack-of-all trades, and as far as the country is concerned in the business, it is to be feared, they are masters of none». (56. *Public Economy Concentrated* etc. *Carlisle. 1833*).

Das *materielle* Resultat der kapitalistischen Produktion, ausser der Entwicklung der *gesellschaftlichen Produktivkräfte der Arbeit*, ist die *Steigerung der Masse der Produktion* und *Vermehrung* und *Vermannigfachung der Produktionssphären* und ihrer Abzweigungen, womit sich erst der *Tauschwert* der Produkte entsprechend entwickelt — *die Sphäre*, worin sie als *Tauschwert* wirken oder sich realisieren.

«Produktion um der Produktion» willen —Produktion als Selbstzweck — tritt zwar schon ein mit der *formellen Subsumtion der Arbeit unter das Kapital*, sobald es überhaupt unmittelbar Zweck der Produktion wird, *möglichst grossen und möglichst viel Mehrwert* zu produzieren, sobald überhaupt der Tauschwert des Produkts der entscheidende Zweck wird. Indes *realisiert* sich diese dem Kapitalverhältnis *immanente* Tendenz erst in *adäquater Weise* — und wird selbst eine *notwendige Bedingung*, auch *technologisch* — sobald sich die *spezifisch kapitalistische Produktionsweise* und mit ihr die *reelle Subsumtion der Arbeit unter das Kapital* entwickelt hat.

480 || Dies Letztere schon früher der Sache nach ausführlich entwickelt, dass hier ganz kurz zu sein. Es ist Produktion, die sich nicht an vorausbestimmende und vorausbestimmte Schranke der Bedürfnisse bindet. (Ihr gegensätzlicher Charakter schliesst *Schranke der Produktion* ein, über die sie beständig hinaus will. Daher Krisen, Ueberproduktion usw.). Dies ist die eine Seite, im Unterschied von früherer Produktionsweise; if you like, die positive Seite. Andrerseits die negative, oder der gegensätzliche Charakter: *Produktion* im Gegensatz zu, und unbekümmert um, den *Produzenten*. Der wirkliche Produzent als blosses Produktionsmittel, der sachliche Reichtum als Selbstzweck. Und die Entwicklung dieses sachlichen Reichtums daher im Gegensatz zu dem, und auf Kosten des, menschlichen Individuums. *Produktivität der Arbeit* überhaupt = *Maximum von Produkt* mit *Minimum von Arbeit*, daher möglichst Verwohlfeilerung der Waren. Dies wird zum *Gesetz*, unabhängig vom Willen der einzelnen Kapitalisten, in der kapitalistischen Produktionsweise. Und dies Gesetz verwirklicht sich nur, involviert das andre, dass die Stufenleiter der Produktion nicht nach gegebenen Bedürfnissen, sondern umgekehrt die Masse des Produkts durch die durch die Produktionsweise selbst vorgeschriebene und stets wachsende Stufenleiter der Produktion bestimmt wird. Ihr Zweck, dass das einzelne Produkt etc. möglichst *viel unbezahlte Arbeit* enthalte, und dies nur erreicht durch die *Produktion um der Produktion* willen. Es tritt dies *einerseits* als *Gesetz* auf, soweit der Kapitalist, der auf zu kleiner Stufenleiter produziert, mehr als das gesellschaftlich notwendige Quantum Arbeit in den Produkten verkörpern würde. Es tritt also als

adäquate Ausführung des *Wertgesetzes* auf, das sich erst vollständig entwickelt auf Grundlage der kapitalistischen Produktionsweise. Aber es tritt *andrerseits* als Trieb des einzelnen Kapitalisten auf, der, um dies Gesetz zu durchbrechen, oder es zu seinem eignen Vorteil zu *überlisten*, den *individuellen Wert* seiner Ware *unter* ihren gesellschaftlich bestimmten Wert zu senken sucht.

Allen diesen Produktionsformen (des relativen Mehrwerts), ausser dem *wachsenden Minimum des zur Produktion erforderlichen Kapitals*, das gemeinsam, dass die *gemeinschaftlichen Bedingungen* für die Arbeit vieler unmittelbar kooperierenden Arbeiter als solche *Oekonomie* erlauben, im Gegensatz zur Zersplitterung dieser Bedingungen bei Produktion auf kleiner Stufenleiter, indem die *Wirksamkeit dieser gemeinsamen Produktionsbedingungen* nicht einen proportionell gleich grossen Zuwachs in ihrer Masse und ihrem *Wert* bedingt. Ihr *gemeinsamer, gleichzeitiger Gebrauch* lässt ihren *relativen* Wert (mit Bezug auf das Produkt) sinken, so sehr ihre absolute Wertmasse wächst.

Produktive und Unproduktive Arbeit

Wir wollen dies hier kurz vorwegnehmen, bevor wir noch weiter die *veränderte Gestalt* des *Kapitals* betrachten, wie sich als Resultat der kapitalistischen Produktionsweise ergibt.

Da der unmittelbare Zweck und [das] *eigentliche Produkt* der kapitalistischen Produktion — *Mehrwert* ist, so ist nur *die Arbeit produktiv*, die, und nur der Ausüber von Arbeitsvermögen ein *produktiver Arbeiter*, der, unmittelbar *Mehrwert produziert*, also nur die Arbeit, die direkt im Produktionsprozess zur Verwertung des Kapitals *konsumiert wird.*

Von einfachem Standpunkt des *Arbeitsprozesses* überhaupt aus erschien uns die Arbeit *produktiv*, die sich in einem *Produkt*, näher, einer *Ware*, realisiert. Vom Standpunkt des kapitalistischen Produktionsprozesses kommt die nähere Bestimmung hinzu, dass die Arbeit produktiv ist, die unmittelbar das Kapital verwertet, oder Mehrwert produziert, also sich ohne Equivalent für den Arbeiter, für ihren Verrichter *realisiert* in einer surplusvalue, dargestellt in einem surplusproduce, also einem *überschüssigen Increment von Ware* für den monopoliser der means of labour, für den *Kapitalisten*; nur die Arbeit, die das variable Kapital und daher das Gesamtkapital setzt als $C +$

$+ \Delta C = C + \Delta v$. Es ist also Arbeit, die dem Kapital unmittelbar als *agency* seiner *Selbstverwertung* dient, als Mittel zur Produktion von Mehrwert.

Der kapitalistische Arbeitsprozess hebt die allgemeinen Bestimmungen des Arbeitsprozesses nicht auf. Er produziert Produkt und Ware. Insofern bleibt die Arbeit produktiv, die sich in *Waren*, als Einheit von Gebrauchswert und Tauschwert, vergegenständlicht. Aber der Arbeitsprozess ist nur Mittel für den Verwertungsprozess des Kapitals. Die Arbeit ist also produktiv, die sich in *Waren* darstellt, aber, wenn wir die einzelne Ware betrachten, in einem aliquoten Teil derselben *unbezahlte* Arbeit darstellt, oder wenn wir das Gesamtprodukt betrachten, die in einem aliquoten Teil der *gesamten Warenmasse* bloss unbezahlte Arbeit darstellt, also ein *Produkt* darstellt, das den Kapitalisten nichts kostet.

Der *Arbeiter* ist *produktiv*, der *produktive Arbeit* verrichtet und die *Arbeit ist produktiv*, die unmittelbar *Mehrwert* schafft, d. h. das Kapital *verwertet*.

481 || Bloss die bürgerliche Borniertheit, die die kapitalistische Form der Produktion für die absolute Form derselben hält, daher für eine einzige Naturform der Produktion, kann die Frage, was *produktive Arbeit* und *produktiver Arbeiter* vom Standpunkt des Kapitals sind, verwechseln mit der Frage, was überhaupt *produktive* Arbeit ist und sich daher bei der tautologischen Antwort begnügen, dass alle Arbeit produktiv ist, die überhaupt produziert, in einem Produkt, oder irgend einem Gebrauchswert, überhaupt in einem Resultat resultiert.

Nur der Arbeiter ist produktiv, dessen Arbeitsprozess = dem *produktiven Konsumtionprozess* des Arbeitsvermögens — des Trägers dieser Arbeit — durch das Kapital oder den Kapitalisten ist.

Es ergibt sich hieraus sofort zweierlei:

Erstens: Da mit der Entwicklung der *reellen Subsumtion der Arbeit unter das Kapital* oder der *spezifisch kapitalistischen Produktionsweise* nicht der einzelne Arbeiter, sondern mehr und mehr ein *sozial kombiniertes Arbeitsvermögen* der *wirkliche Funktionär* des Gesamtarbeitsprozesses wird, und die verschiedenen Arbeitsvermögen, die konkurrieren, und die gesamte produktive Maschine bilden, in sehr verschiedener Weise an dem unmittelbaren Prozess der Waren- oder besser hier Produktbildung teilnehmen, der eine mehr mit der Hand, der andre mehr mit dem Kopf arbeitet, der eine als manager, engineer, Technolog etc., der andre als overlooker, der dritte als direkter Handarbeiter, oder gar bloss Handlanger, so werden mehr und mehr *Funktionen von Arbeitsvermögen* unter den unmittelbaren Begriff der *produktiven Arbeit* und ihre Träger unter den Begriff der *produktiven Arbeiter*, direkt vom Kapital ausgebeuteter und seinem Verwertungs- und Produktionsprozess überhaupt *untergeordneter* Arbeiter einrangiert. Betrachtet man den *Gesamtarbeiter*, aus dem das Atelier besteht, so verwirklicht sich materialiter seine *kombinierte Tätigkeit* unmittelbar in einem *Gesamtprodukt*, das zugleich eine *Gesamtmasse von Waren* ist, wobei es ganz gleichgültig, ob die Funktion des einzelnen Arbeiters, der nur ein Glied dieses Gesamtarbeiters, ferner oder näher der unmittelbaren Handarbeit steht. Dann aber: Die Tätigkeit dieses Gesamtarbeitsvermögens ist seine *unmittelbare produktive Konsumtion durch das Kapital*, d. h. also Selbstverwertungsprozess des Kapitals, unmittelbare Produktion von Mehrwert, und daher, wie dies später noch weiter entwickelt werden soll, *unmittelbare Verwandlung desselben in Kapital.*

Zweitens: Die näheren Bestimmungen der produktiven Arbeit folgen von selbst aus den gegebenen charakteristischen Merkmalen des kapitalistischen Produktionsprozesses. *Erstens* tritt der Besitzer des Arbeitsvermögens als *Verkäufer* desselben, irrationell, wie wir gesehn haben ausgedrückt, als direkter Verkäufer von *lebendiger Arbeit, nicht von Ware*, dem Kapital oder dem Kapitalisten gegenüber. Er ist *Lonharbeiter*. Dies ist die *erste Voraussetzung.* Zweitens aber, eingeleitet durch diesen vorläufigen, der Zirkulation angehörigen Prozess, wird sein Arbeitsvermögen und seine Arbeit als *lebendiger Faktor* dem Produktionsprozess des Kapitals unmittelbar einverleibt, wird selbst einer seiner *Bestandteile*, und zwar der *variierende*, der nicht nur die vorgeschossenen Kapitalwerte teils erhält, teils reproduziert, sondern zugleich *vermehrt* und daher erst durch Schöpfung des Mehrwerts, in sich verwertenden Wert, in Kapital verwandelt. Diese Arbeit *vergegenständlicht* sich unmittelbar während des Produktionsprozesses als *fliessender Wertgrösse.*

Es kann einerseits die *erste Bedingung stattfinden, ohne dass die zweite stattfindet.* Ein Arbeiter kann *Lonharbeiter,* Taglöhner etc. sein. Es findet dies jedesmal statt, wenn das zweite Moment fehlt. Jeder produktive Arbeiter ist Lohnarbeiter, aber deswegen ist nicht jeder Lohnarbeiter produktiver Arbeiter. So oft die Arbeit gekauft wird, um als *Gebrauchswert* verzehrt zu werden, als *Dienst*, nicht um als *lebendiger Faktor* an die Stelle des Werts des variablen Kapitals zu treten, und dem kapitalistischen Produktionsprozess einverleibt zu werden, ist die Arbeit keine produktive Arbeit und der Lohnarbeiter kein produktiver Arbeiter. Seine Arbeit wird dann ihres *Gebrauchswerts* wegen, nicht als *Tauschwert setzend*, sie wird *unproduktiv*, nicht produktiv konsumiert. Der Kapitalist steht ihr daher nicht als Kapitalist, als Repräsentant des Kapitals gegenüber. Er tauscht sein Geld gegen sie als *Revenu*, nicht als *Kapital* aus. Ihre Konsumtion konstituiert nicht G-W-G′, sondern W-G-W (letztres die *Arbeit* oder der *Dienst* selbst). Das Geld funktioniert hier nur als Zirkulationsmittel, nicht als Kapital.

482 || So wenig die *Waren*, die der Kapitalist kauft zu seinem Privatkonsum, produktiv konsumiert werden, *Faktoren des Kapitals* werden, so wenig die *Dienste*, die er freiwillig oder gezwungen (beim Staat etc.) ihres *Gebrauchswerts* wegen, zu seiner Konsumtion kauft. Sie werden kein Faktor des Kapitals. Sie sind daher keine produktiven Arbeiten und ihre Träger keine *produktiven Arbeiter*.

Je mehr sich die Produktion überhaupt als Produktion von Waren entwickelt, um so mehr muss Jeder und will jeder *Warenhändler* werden, Geld machen, sei es aus seinem Produkt, sei es aus seinen *Diensten*, wenn sein Produkt seiner natürlichen Beschaffenheit gemäss nur in der Form des Diensts existiert, und dies *Geldmachen* erscheint als der letzte Zweck jeder Art von Tätigkeit. (Siehe *Aristoteles* [a]. In der kapitalistischen Produktion wird nun einerseits die Produktion der Produkte als Waren, andrerseits die Form der Arbeit als *Lohnarbeit* absolut. Eine Masse von Funktionen und Tätigkeiten, die einen Heiligenschein um sich hatten, als Selbstzweck galten, gratis geschahen oder auf Umwegen bezahlt wurden (wie alle Professionals, Aerzte, barristers etc. in England, wo der barrister und der physician nicht auf Zahlung klagen konnten oder können), verwandeln sich einerseits direkt in *Lohnarbeiter*, so verschieden ihr Inhalt und ihre *Zahlung* sein mag [b]. Andrerseits verfallen sie — ihre Wertschätzung, der *Preis* dieser verschiedenen *Tätigkeit* von der Hure zum König — *den Gesetzen, die den Preis der Lohnarbeit* regeln. Die Entwicklung dieses letztren Punkts gehört in Spezialabhandlung über die Lohnarbeit und den Arbeitslohn, nicht hierher. Diese Erscheinung nun, dass mit der Entwicklung der kapitalistischen Produktion, alle *Dienste* sich in *Lohnarbeit* verwandeln und alle ihre Verrichter sich in *Lohnarbeiter* verwandeln, sie also diesen *Charakter* mit dem

[a] *Aristoteles.*
[b] *Manifest der Kommunistischen Partei.*

produktiven Arbeiter gemein haben, gibt zur Verwechslung beider um so mehr Anlass, weil es eine die *kapitalistische Produktion* charakterisierende und durch sie selbst geschaffene Erscheinung ist. Andrerseits gibt es den Apologeten Anlass, den produktiven Arbeiter, weil er Lohnarbeiter ist, in einen Arbeiter zu verwandeln, der bloss seine *Dienste* (d. h. seine Arbeit als Gebrauchswert) gegen *Geld* austauschte. Damit wird dann glücklich über die differentia specifica dieses «produktiven Arbeiters» und der kapitalistischen Produktion — als einer Produktion von Mehrwert, als Selbstverwertungsprozess des Kapitals, dessen blosse sich einverleibte agency die lebendige Arbeit ist, hinweggeschlüpft. Ein Soldat ist ein Lohnarbeiter, Söldner, aber er ist deswegen kein produktiver Arbeiter.

Weiterer Irrtum entspringt aus zwei Quellen.

Erstens: innerhalb der kapitalistischen Produktion werden immer Teile der warenproduzierenden Arbeiten in einer Weise verrichtet, die *früheren Produktionsweisen* angehören, wo also das *Verhältnis von Kapital und Lohnarbeit* faktisch noch nicht existiert und daher die dem kapitalistischen Standpunkt entsprechende Kategorie von *produktiver* und unproduktiver Arbeit garnicht anwendbar ist. Aber der herrschenden Produktionsweise entsprechend werden die auch wirklich von ihr noch nicht subsumierten Verhältnisse unter sie idealiter subsumiert. Z. B. der selfemploying labourer ist sein eigner Lohnarbeiter, seine eignen Produktionsmittel treten ihm als Kapital in der Vorstellung gegenüber. Als sein eigner Kapitalist wendet er sich selbst als Lohnarbeiter an. Derartige Anomalien bieten der Kannegiesserei über produktive und unproduktive Arbeit dann ein willkommenes Feld.

483 || *Zweitens:* Gewisse *unproduktive Arbeiten* mögen incidentaliter mit dem Produktionsprozess verknüpft sein und mag selbst ihr *Preis* in den *Preis der Ware* eingehn, also das für sie ausgelegte Geld so far einen *Teil des vorgeschossenen Kapitals* bilden und ihre Arbeit daher als Arbeit erscheinen, die sich nicht mit *Revenu*, sondern direkt mit *Kapital* austauscht.

Nehmen wir gleich den letzten Fall, die *Steuern*, den Preis für die Regierungsdienste etc. Aber dies gehört zu den *faux frais de production* und ist eine dem kapitalistischen Produktionsprozess an und für sich *zufällige* und in keiner Art durch denselben *bedingte*, und ihm notwendige, immanente Form. Werden z. B. sämtliche *indirekte* Steuern in *direkte* verwandelt, so werden die Steuern nach wie vor gezahlt, aber bilden nicht mehr Kapitalvorschuss, sondern *Revenuverausgabung.* Die Möglichkeit dieser Formverwandlung zeigt ihre

Aeusserlichkeit, Gleichgültigkeit und Zufälligkeit für den kapitalistischen Produktionsprozess. Mit einer Formverwandlung der produktiven Arbeit hörte dagegen die Revenu des Kapitals und das Kapital selbst auf.

Ferner z. B. Prozesse, materielle Akte etc. Alles dies bezieht sich auf Stipulationen zwischen den Warenbesitzern als Käufern und Verkäufern von Waren, und hat mit dem Verhältnis von Kapital und Arbeit nichts zu tun. Die Funktionäre mögen dadurch zu Lohnarbeitern des Kapitals werden; sie werden dadurch nicht zu produktiven Arbeitern.

Produktive Arbeit ist nur ein abkürzender Ausdruck für das ganze Verhältnis und Art und Weise, worin das Arbeitsvermögen und die Arbeit im kapitalistischen Produktionsprozess figuriert. Sprechen wir also von *produktiver Arbeit*, so sprechen wir von *gesellschaftlich bestimmter Arbeit*, Arbeit, die ein ganz bestimmtes Verhältnis zwischen dem Käufer und Verkäufer von Arbeit einschliesst. Produktive Arbeit tauscht sich direkt mit *Geld als Kapital* aus, d. h. mit Geld, das an sich Kapital ist, die Bestimmung hat als Kapital zu funktionieren und dem Arbeitsvermögen als Kapital gegenübertritt. Produktive Arbeit ist also solche, die für den Arbeiter nur den vorherbestimmten Wert seines Arbeitsvermögens reproduziert, dagegen als Wertschaffende Tätigkeit das Kapital verwertet, die von ihr geschaffenen Werte dem Arbeiter selbst als *Kapital gegenübersetzt*. Das spezifische Verhältnis zwischen der *vergegenständlichten* und *lebendigen Arbeit*, das die erste zu Kapital, macht die letztere zu *produktiver Arbeit*.

Das spezifische Produkt des kapitalistischen Produktionsprozesses, Mehrwert, wird nur durch Austausch mit der *produktiven Arbeit* geschaffen.

Was ihren *spezifischen Gebrauchswert* für das Kapital bildet, ist nicht ihr bestimmter nützlicher Charakter, so wenig wie die besonderen nützlichen Eigenschaften des Produkts, worin sie sich vergegenständlicht, sondern ihr Charakter als schöpferisches Element des Tauschwerts (Mehrwerts).

Der kapitalistische Produktionsprozess ist nicht bloss die Produktion von Waren. Er ist ein Prozess, der unbezahlte Arbeit absorbiert, die Produktionsmittel zu Mitteln der Einsaugung unbezahlter Arbeit macht.

Aus dem Bisherigen geht hervor, dass *produktive Arbeit* zu sein eine Bestimmung der Arbeit ist, die an und für sich absolut nichts zu tun hat mit dem *bestimmten Inhalt* der Arbeit, ihrer besonderen

Nützlichkeit oder dem eigentümlichen Gebrauchswert, worin sie sich darstellt.

484 || Arbeit *desselben Inhalts* kann daher produktiv und unproduktiv sein.

Z. B. Milton, who did the paradise lost, war ein unproduktiver Arbeiter. Der Schriftsteller dagegen, der Fabrikarbeit für seinen Buchhändler liefert, ist ein produktiver Arbeiter. Milton produzierte das Paradise lost, wie ein Seidenwurm Seide produziert, als Betätigung *seiner* Natur. Er verkaufte später das Produkt für 5 l. und wurde insofern Warenhändler. Aber der Leipziger Literaturproletarier, der auf Kommando seines Buchhändlers Bücher, z. B. Kompendien über Politische Oekonomie produziert, ist annähernd ein produktiver Arbeiter, soweit seine Produktion unter das Kapital subsumiert ist und nur zu dessen Verwertung stattfindet. Eine Sängerin, die wie der Vogel singt, ist ein unproduktiver Arbeiter. Wenn sie ihren Gesang für Geld verkauft, ist sie sofern Lohnarbeiter oder Warenhändler. Aber dieselbe Sängerin, von einem entrepreneur engagiert, der sie singen lässt um Geld zu machen, ist ein produktiver Arbeiter, denn sie *produziert* direkt Kapital. Ein Schulmeister, der andre unterrichtet, ist kein produktiver Arbeiter. Aber ein Schulmeister, der als Lohnarbeiter in einem Institut mit andern engagiert ist, um durch seine Arbeit das Geld des Entrepreneurs der knowledge mongering institution zu verwerten, ist ein produktiver Arbeiter. Doch sind die meisten dieser Arbeiten, der Form nach betrachtet, kaum formell unter das Kapital subsumiert, sondern gehören den Uebergangsformen an.

Im Ganzen sind die Arbeiten, die nur als Dienste genossen, nicht in von den Arbeitern trennbare und daher ausser ihnen als selbständige Ware existierende Produkte verwandelt, dennoch aber direkt *kapitalistisch* exploitiert werden können, verschwindende Grössen, verglichen mit der Masse der kapitalistischen Produktion. Sie sind deshalb ganz ausser Acht zu lassen und nur zu behandeln in der Lohnarbeit, unter der Kategorie der Lohnarbeit, die nicht zugleich produktive Arbeit ist.

Dieselbe Arbeit (z. B. gardening, tailoring etc.) kann von demselben workingman im Dienste eines industriellen Kapitalisten, oder eines unmittelbaren Konsumenten verrichtet werden etc. In beiden Fällen ist er Lohnarbeiter oder Taglöhner, aber in dem einen Fall ist er *produktiver*, in dem andern *unproduktiver* Arbeiter, weil er in dem einen Fall Kapital produziert, in dem andern nicht; weil in dem einen Fall seine Arbeit ein Moment des Selbstverwertungsprozesses des Kapitals bildet, in dem andern nicht.

Ein grosser Teil des jährlichen Produkts, das als Revenu verzehrt wird und nicht mehr als Produktionsmittel von neuem in die Produktion eingeht, besteht aus den fatalsten, die jämmerlichsten Gelüste, fancies usw. befriedigenden Produkten (Gebrauchswert). Dieser Inhalt ist für die Bestimmung der produktiven Arbeit ganz gleichgültig (obgleich natürlich wenn ein unproportioneller Teil so reproduziert würde, statt in Produktionsmittel und Lebensmittel zurückverwandelt zu werden, die von neuem in die Reproduktion, sei es der Waren, sei es der Arbeitsvermögen selbst eingehn — kurz, die produktiv konsumiert werden, — die Entwicklung des Reichtums natürlich einen check erhielte). Diese Sorte produktiver Arbeit produziert Gebrauchswerte, vergegenständlicht sich in Produkten, die nur für die unproduktive Konsumtion bestimmt, in ihrer Realität, als Artikel, keinen *Gebrauchswert* für den Reproduktionsprozess haben (sie können dies nur bekommen durch *Stoffwechsel*, durch Austausch mit reproduktiven Gebrauchswerten; aber das ist nur ein Displacement. Somewhere müssen sie als unreproduktiv konsumiert werden. Andre solcher in den unproduktiven Konsumtionsprozess fallenden Artikel könnten nötigenfalls auch wieder als Kapital funktionieren. Das Nähere hierüber gehört in Ch. III Buch II über den Reproduktionsprozess. Es ist hier nur diese Bemerkung zu antizipieren: Es ist für die gewöhnliche Oekonomie unmöglich über die Schranken der Luxusproduktion, vom Standpunkt der kapitalistischen Produktion selbst ein vernünftiges Wort zu sagen. Die Sache ergibt sich aber sehr einfach, wenn die Momente des Reproduktionsprozesses ordentlich analysiert werden. Wird der Reproduktionsprozess gehemmt oder sein Fortschritt, soweit er schon durch den natürlichen Fortschritt der Population bedingt ist, aufgehalten durch unverhältnismässige Anwendung solcher *produktiven Arbeit*, die in unreproduktiven Artikeln sich darstellt, so ist also zu wenig notwendige Lebensmittel oder zu wenig Produktionsmittel etc. reproduziert worden, so ist der Luxus verdammlich vom Standpunkt der kapitalistischen Produktion. Im übrigen ist er eine absolute Notwendigkeit für eine Produktionsweise, die den Reichtum für die Nicht-Produzenten produziert, also ihm notwendige Formen geben muss, worin er von dem bloss geniessenden Reichtum aneigenbar).

Für den Arbeiter selbst ist diese produktive Arbeit, wie jede andre, bloss Mittel zur Reproduktion seiner notwendigen Lebensmittel; für den Kapitalisten, dem die Natur des Gebrauchswerts, und der Charakter der angewandten konkreten Arbeit an und für sich ganz gleichgültig, bloss ein moyen de battre monnaie, de produire la survalue.

485 || Die Sucht, die *produktive* und *unproduktive* Arbeit durch ihren *stofflichen* Inhalt zu bestimmen, rührt aus drei Quellen her.

1) Die der kapitalistischen Produktionsweise eigentümliche, und aus ihrem Wesen entspringende fetischistische Anschauung, welche *ökonomische* Formbestimmtheiten, wie *Ware* zu sein, *produktive* Arbeit zu sein etc., als den stofflichen Trägern dieser Formbestimmtheiten oder Kategorien an und für sich zukommende Eigenschaft betrachtet.

2) Dass den Arbeitsprozess als solchen betrachtet, die Arbeit nur *produktiv* ist, die in einem *Produkt* (materiellen Produkt, da es sich hier nur um materiellen Reichtum handelt) resultiert;

3) Dass im *wirklichen* Reproduktionsprozess — seine *realen* Momente betrachtet, ein grosser Unterschied mit Bezug auf die Bildung etc. des Reichtums, zwischen der Arbeit, die sich in reproduktiven Artikeln und andrer, die sich in blossen luxuries darstellt.

(Beispiel: Ob ich eine Hose kaufe oder ob ich Tuch kaufe und einen Schneidergesellen ins Haus nehme, dem ich seinen *Dienst* (id est seine Schneiderarbeit) zahle, ist für mich völlig gleichgültig. Ich kaufe sie vom merchant tailor, weil sie so wohlfeiler. In beiden Fällen verwandle ich das Geld, das ich ausgebe, in einen Gebrauchswert, der meiner individuellen Konsumtion anheimfallen, mein individuelles Bedürfnis befriedigen soll, nicht in Kapital. Der Schneidergeselle leistet mir denselben *Dienst*, ob er bei dem merchant tailor für mich arbeitet oder in meinem Hause. Dagegen besteht der Dienst, den derselbe Schneidergeselle, von einem merchant tailor verwandt, diesem Kapitalisten leistet, darin dass er 12 Stunden arbeitet und nur 6 etc. bezahlt erhält. Der Dienst, den er ihm leistet, besteht also darin, dass er 6 Stunden umsonst arbeitet. Dass dies in der Form von Hosenmacherei geschieht, *versteckt* nur die wirkliche Transaktion. Sobald der merchant tailor kann, sucht er die Hosen daher wieder in Geld zu verwandeln, d. h. in eine Form, worin der bestimmte Charakter der Schneiderarbeit völlig verschwunden ist, und der geleistete Dienst sich darin ausdrückt, dass aus einem Taler zwei geworden sind.

Dienst ist überhaupt nur Ausdruck für den *besonderen Gebrauchs-*

wert der Arbeit, soweit diese nicht als Sache, sondern als Tätigkeit nützlich ist. Do ut facias, facio ut facias, facio ut des, do ut des, sind hier ganz gleichgültige Formen desselben Verhältnisses, während in der kapitalistischen Produktion das do ut facias ein sehr spezifisches Verhältnis zwischen dem gegenständlichen Reichtum und der lebendigen Arbeit ausdrückt. Weil also in diesem *Kaufen von Diensten* das spezifische Verhältnis von Arbeit und Kapital garnicht enthalten, entweder völlig ausgelöscht, oder garnicht vorhanden ist, ist es natürlich die Lieblingsform von Say, Bastiat et Konsorten, um das *Verhältnis von Kapital und Arbeit* auszudrücken).

Auch der Arbeiter kauft mit Geld *Dienste*, was eine Art der Verausgabung, aber keine Manier ist das Geld in Kapital zu verwandeln.

Kein Mensch kauft ärtzliche oder juristische «Dienstleistungen» als Mittel, das so ausgelegte Geld in Kapital zu verwandeln.

Ein grosser Teil der *Dienste* gehört in die Konsumtionskosten von Waren, wie Köchin etc.

Der Unterschied der *produktiven* und *unproduktiven Arbeit* besteht bloss darin, ob Arbeit gegen *Geld als Geld* oder gegen *Geld als Kapital* ausgetauscht wird. Wo z. B., wie beim selfemploying labourer, artisan etc., ich seine *Ware* kaufe, kommt die Kategorie überhaupt nicht in Frage, weil kein direkter Austausch zwischen Geld und Arbeit irgendeiner Art, sondern zwischen *Geld und Ware*.

486 || (Bei der nicht materiellen Produktion, selbst wenn sie rein für den Austausch betrieben wird, Waren produziert, ist zweierlei möglich:

1) Sie resultiert in Waren, die getrennt vom Produzenten bestehn, also im Intervall zwischen Produktion und Konsumtion als Waren zirkulieren können, wie Bücher, Gemälde, alle Kunstprodukte, die von der Kunstleistung des exekutierenden Künstlers verschieden sind. Hier ist kapitalistische Produktion in sehr beschränktem Masse anwendbar. Diese Leute, soweit sie nicht als sculptors etc. Gesellen etc. halten, arbeiten meist (wenn nicht selbständig) für ein Kaufmannskapital, z. B. Buchhändler, ein Verhältnis, das nur Uebergangsform selbst zur bloss *formell kapitalistischen Produktionsweise* bildet.

Dass in diesen Uebergangsformen, gerade die Exploitation der Arbeit am grössten, ändert nichts an der Sache;

2) Das Produkt ist nicht trennbar vom Akt des Produzierens. Auch hier findet kapitalistische Produktionsweise nur beschränkt statt und kann der Natur der Sache nach nur in einigen Sphären stattfinden. (Ich will *den Arzt*, nicht seinen Laufburschen). Z. B. bei Unterrichtsanstalten können die Lehrer blosse Lohnarbeiter für den Unternehmer der Lernfabrik sein. Dergleichen nicht zu berücksichtigen für das Ganze der kapitalistischen Produktion).

«Produktive labourer, der directly vermehrt *his master's wealth*». *(Malthus. Principles of Political Economy. 2-nd edition. London 1836).*

Der Unterschied von *produktiver* und *unproduktiver Arbeit* wichtig mit Bezug auf die Akkumulation, da nur der Austausch gegen produktive Arbeit eine der Bedingungen der Rückverwandlung von Mehrwert in Kapital ist.

Der Kapitalist als Repräsentant des in seinem Verwertungsprozess begriffenen — des *produktiven Kapitals* — verrichtet eine *produktive* Funktion, die gerade darin besteht, produktive Arbeit zu dirigieren und zu exploitieren. Im Gegensatz gegen Mitzehrer der *Surplusvalue*, die in keinem solchen unmittelbaren und tätigen Verhältnis zu ihrer Produktion steh[en], ist seine Klasse die *produktive Klasse* par excellence. (Als Lenker des Arbeitsprozesses kann der Kapitalist *produktive Arbeit* verrichten im Sinne, dass seine Arbeit in den Gesamtarbeitsprozess einbegriffen, der sich im Produkt verkörpert). Wir kennen hier nur noch das Kapital innerhalb des unmittelbaren Produktionsprozesses. Wie es sich mit andern Funktionen des Kapitals verhält — und den Agenten, deren es sich innerhalb dieser Funktionen bedient — kann erst später entwickelt werden.

Die Bestimmung der *produktiven Arbeit* (und daher auch der *unproduktiven*, als ihres Gegenteils) beruht also darauf, dass die Produktion des Kapitals Produktion von Mehrwert und die von ihr angewandte Arbeit Mehrwert produzierende Arbeit ist.

487 **Brutto-und Nettoprodukt.**

(Gehört vielleicht besser in B. III. Ch. III.)

Da der Zweck der kapitalistischen Produktion (und daher der *produktiven* Arbeit) nicht die Existenz der Produzenten, sondern die

Produktion von Mehrwert, so ist alle notwendige Arbeit, die keine Surplusarbeit produziert, überflüssig und wertlos für die kapitalistische Produktion. Dasselbe gilt für eine Nation von Kapitalisten. Alles *produit brut*, welches nur den Arbeiter reproduziert, d. h. kein *produit net* (Surplusproduce) produziert, ist ebenso überflüssig wie jener Arbeiter selbst. Oder wenn Arbeiter auf einer gewissen Entwicklungsstufe der Produktion nötig waren, um produit net zu produzieren, werden sie auf einer fortgeschrittenen Stufe der Produktion, die ihrer nicht mehr bedarf, überflüssig. Oder nur die für das Kapital profitable Menschenzahl ist nötig. Dasselbe gilt für eine Nation von Kapitalisten. «Das Realinteresse einer Nation, ist es nicht dasselbe (wie das eines Privatkapitalisten, dem, wenn der Profit seines Kapitals von 20 000 «nur in allen Fällen nicht unter 2000 sinkt», gleichgültig ist, ob er «100 oder 1000 Menschen in Bewegung setzt»), wenn nur ihre revenu net et réel, ihre rents und profits dieselben sind, was liegt daran, ob sie sich aus 18 oder 12 Millionen Individuen zusammensetzt?.. Wenn 5 Millionen Menschen die Nahrung und Kleidung für 10 Millionen Menschen produzieren könnten, so wären die Nahrung und Kleidung dieser 5 Millionen die revenu net. Zöge das Land einen Vorteil davon, wenn es, um dieselbe revenu net zu produzieren, 7 Millionen Menschen nötig hätte, d. h. wenn es nötig wäre, dass 7 Millionen angewandt würden, um die Nahrung und Kleidung von 12 Millionen zu produzieren? Die Nahrung und Kleidung von 5 Millionen wäre stets die revenu net».

Selbst die Philanthropie kann nichts gegen diesen Satz Ricardos einzuwenden haben. Denn es ist immer besser, dass unter 10 Millionen nur 50% als reine Produktionsmaschinen für 5 Millionen, als unter 12 Millionen 7 oder 58¾ [%] als solche vegetieren.

«Of what use in a modern kingdom would be a whole province thus divided (zwischen selfsustaining little farmers wie in den first times of ancient Rome), however well cultivated, except for the mere purpose of breeding men, which, singly taken, is a most useless purpose». (47. *Arthur Young. Political Arithmetic etc. London, 1774*).

Dass der Zweck der kapitalistischen Produktion das *Net Produce* ist, in der Tat bloss in der Form des *Surplusproduce*, worin sich die *Sur-*

plusvalue darstellt, gesetzt, dass die kapitalistische Produktion essentiellement *Produktion von Mehrwert* ist.

Es steht dies entgegen z. B. der altertümlichen, frühern Produktionsweisen entsprechenden Ansicht, wonach die städtischen Magistrate etc. z. B. Erfindungen verboten haben, um Arbeiter nicht ausser Brot zu setzen, da der Arbeiter als solcher als Selbstzweck galt und sein standesmässiger Erwerb als sein Privilegium, in dessen Erhaltung die ganze alte Ordnung interessiert war. Es steht entgegen der noch national tingierten Anschauung des Protektionssystems (im Gegensatz zum freetrade), dass Industrien etc. als Existenzquellen einer grossen Masse Menschen national zu beschützen seien gegen auswärtige Konkurrenz etc. Es steht aber auch entgegen A. Smiths Ansicht, dass z. B. die Anlage des Kapitals in der Agrikultur «produktiver», weil dasselbe Kapital mehr Hände beschäftige. Alles das sind für die entwickelte kapitalistische Produktionsweise veraltete und unwahre, falsche Anschauungen. Ein grosses Bruttoprodukt (as far as the variable part of capital is concerned) in *Proportion* zu kleinem Nettoprodukt ist = geringer Produktivkraft der Arbeit und daher des Kapitals.

488 ||Es sind jedoch traditionell allerlei konfuse Vorstellungen mit diesem Unterschied von Brutto- und Netto-Produkt verbunden. Dies stammt zum Teil her von der *Physiokratie* (sieh Buch IV), zum Teil von A. Smith, der die kapitalistische Produktion immer noch verwechselt hier und da mit der Produktion für die unmittelbaren Produzenten.

Wenn ein einzelner Kapitalist Geld ins Ausland schickt, wo er 10% interest kriegt, während er im Inland eine Masse Surpluspeople beschäftigen könnte, so verdient er vom kapitalistischen Standpunkt eine Bürgerkrone, denn dieser tugendhafte Bürger vollzieht das Gesetz, das innerhalb des Weltmarkts, wie innerhalb der Wände einer Gesellschaft, das Kapital verteilt, je nach der Rate des Profits, die besondere Produktionssphären liefern, und sie eben dadurch ausgleicht und die Produktion proportioniert. (Es ist gleichgültig, ob das Geld z. B. dem Kaiser von Russland für Kriege gegen die Türkei etc. geliefert wird). Der einzelne Kapitalist befolgt damit nur das immanente Gesetz und daher die Moral des Kapitals to produce as much surplusvalue as possible. Mit der Betrachtung des unmittelbaren Produktionsprozesses hat dies jedoch nichts zu tun.

Ferner setzt man dabei oft *kapitalistischer Produktion* die *unkapitalistische* gegenüber, z. B. die agriculture for subsistance, in welcher Hände beschäftigt, der agriculture for trade, die dem *Markt* ein viel grösseres Produkt liefert, daher erlaubt aus den früher in der Agrikultur Beschäftigten ein Nettoproduce in der Manufaktur herauszuschlagen. Aber dieser Gegensatz ist keine Bestimmung *innerhalb* der kapitalistischen Produktionsweise selbst.

Im Ganzen haben wir gesehn, dass es das Gesetz der kapitalistischen Produktion, das konstante Kapital zu vermehren gegen das variable und den Mehrwert, das Net Produce; zweitens das Net Produce zu vermehren im Verhältnis zu dem Teil des Produkts, der das Kapital ersetzt, id est Arbeitslohn. Nun werden diese zwei Sachen verwechselt. Nennt man das gesamte Produkt Brutto-Produkt, so wächst es in der kapitalistischen Produktion gegen das Netto-Produkt; nennt man den in Arbeitslohn + Net Produce auflösbaren Teil des Produkts Netto-Produkt, so wächst das Netto-Produkt gegen das Brutto-Produkt. Nur in der Agrikultur (durch Verwandlung von Ackerland in Viehweide etc.) wächst oft das Netto-Produkt auf Kosten des Brutto-Produkts (der gesamten Produktenmasse) infolge gewisser der Rente eigentümlichen Bestimmungen, die nicht hierher gehören.

Sonst ist die Lehre von dem *Netto-Produkt* als dem letzten und höchsten Zweck der Produktion, nur der brutale, aber richtige Ausdruck dafür, dass die *Verwertung des Kapitals* und daher die Kreation von Mehrwert, ohne Rücksicht auf den Arbeiter, die treibende Seele der kapitalistischen Produktion ist.

Als das höchste Ideal — entsprechend dem relativen Wachstum des produit net — der kapitalistischen Produktion, möglichste Verminderung der vom Salair, möglichste Vermehrung der vom produit net Lebenden.

489 **Mystifikation des Kapitals etc.**

Da die lebendige Arbeit — innerhalb des Produktionsprozesses — dem Kapital bereits einverleibt ist, stellen sich alle *gesellschaftlichen Produktivkräfte der Arbeit* als *Produktivkräfte*, als dem Kapital inhärente Eigenschaften dar, ganz wie im Geld der allgemeine Charakter der Arbeit, soweit sie wertbildend, als Eigenschaft eines Dings erschien. Umsomehr jenes der Fall, als

1) zwar die Arbeit als *Aeusserung des Arbeitsvermögens*, als Anstrengung dem *einzelnen Arbeiter* gehört (es ist das, womit er

realiter dem Kapitalisten zahlt, was er ihm gibt), obgleich sie als sich im Produkt vergegenständlicht, als dem Kapitalisten gehörig, *dagegen* die *gesellschaftliche Kombination*, worin die einzelnen Arbeitsvermögen nur als besondre Organe des das Gesamtatelier bildenden Gesamt-Arbeitsvermögens funktionieren, nicht ihnen gehört, sondern ihnen vielmehr als *kapitalistisches Arrangement* entgegentritt, ihnen *angetan* wird;

2) diese *gesellschaftlichen Produktivräfte* der Arbeit oder *Produktivkräfte der gesellschaftlichen Arbeit* sich historisch erst mit der spezifisch kapitalistischen Produktionsweise entwickeln, also als etwas dem Kapitalverhältnis Immanentes und von ihm Untrennbares erscheinen;

3) die *Objektiven Arbeitsbedingungen*, mit der Entwicklung der kapitalistischen Produktionsweise, eine veränderte Gestalt annehmen, durch die Dimension, worin, und die Oekonomie, womit sie angewandt werden (ganz abgesehn von der Form der Maschinerie etc.). Sie werden entwickelter als konzentrierte Produktionsmittel, *gesellschaftlichen* Reichtum darstellend, und was eigentlich das Ganze erschöpft, im Umfang und dem Effekt der *Produktionsbedingungen gesellschaftlich* kombinierter Arbeit. Von der Kombination der Arbeit selbst abgesehn, erscheint dieser *gesellschaftliche Charakter der Arbeitsbedingungen* — wozu unter anderem ihre Form als Maschinerie und capital fixe in jeder Form gehört — als etwas durchaus Selbständiges, vom Arbeiter unabhängig existierendes, als eine *Existenzweise des Kapitals* und daher auch unabhängig von den Arbeitern durch die *Kapitalisten* Arrangiertes. Wie der *gesellschaftliche Charakter* ihrer eignen Arbeit, so erscheint noch viel mehr der *gesellschaftliche Charakter*, den die Produktionsbedingungen als *gemeinschaftliche* Produktionsbedingungen kombinierter Arbeit erhalten, als *kapitalistischer*, unabhängig von den Arbeitern diesen Produktionsbedingungen als solchen zukommender Charakter.

ad 3) wollen wir hier gleich folgendes bemerken, was zum Teil Späteres antizipiert:

Der *Profit* im Unterschied vom Mehrwert — kann steigen durch ökonomische Verwendung der *gemeinsamen* Arbeitsbedingungen, sei es dass z. B. Gebäulichkeit gespart wird, Heizung, Beleuchtung usw., der Wert des Prime Motor nicht in demselben Grade wächst wie seine Kraft, Oekonomie im Preis des Rohstoffs, Wiedervernutzung des Abfalls, Verminderung der Administrationskosten, der Warenhäuser bei massenhafterer Produktion etc., alle diese *relativen* Verwohlfeilerungen des konstanten Kapitals bei absolutem Wachsen seines Werts, beruhen darauf, dass diese Produktionsmittel, Arbeitsmittel wie Arbeitsmaterial, *gemeinsam* verwandt werden, und diese *gemeinsame* Verwendung hat zur absoluten Voraussetzung das *gemeinsame* Zusammenarbeiten konglomerierter Arbeiter, ist also selbst nur *gegenständlicher* Ausdruck des *gesellschaftlichen Charakters der Arbeit* und der daher resultierenden *gesellschaflichen* Produktivkraft, wie ja die besondre Gestalt dieser Bedingungen z. B. als Maschinerie meist nicht anwendbar ausser für kombinierte Arbeit. Sie erscheinen aber, dem Arbeiter gegenüber, der innerhalb dieselben tritt, als *gegebene*, von ihm *unabhängige* Bedingungen, als *Gestalt des Kapitals*. Es erscheint deshalb auch z. B. die Oekonomisierung derselben (und das daher entspringende Wachsen des Profits und Verwohlfeilerung der Waren) als etwas ganz Verschiedenes von der *Surplusarbeit* des Arbeiters, als direkte *Tat* und *Veranstaltung des Kapitalisten*, der hier überhaupt als Personifikation des *gesellschaftlichen* Charakters der Arbeit, des *Gesamtateliers* als solchen funktioniert. Die *Wissenschaft* als das allgemeine geistige Produkt der gesellschaftlichen Entwicklung, erscheint hier ebenso dem Kapital direkt einverleibt (die Anwendung derselben als Wissenschaft, getrennt von dem Wissen und Können der einzelnen Arbeiter, auf den materiellen Produktionsprozess), und die allgemeine Entwicklung der Gesellschaft, weil sie vom Kapital der Arbeit gegenüber ausgebeutet wird, als Produktivkraft des Kapitals gegenüber der Arbeit wirkt, erscheint als *Entwicklung* des *Kapitals* und um so mehr, da für die grosse Mehrzahl die *Entleerung des Arbeitsvermögens* gleichen Schritt damit hält.

490 || Der Kapitalist selbst ist nur Gewalthaber als Personifizierung des Kapitals (weswegen er in der italienischen Buchha[lt]ung beständig als Doppelfigur figuriert, z. B. als debtor seines eignen Kapitals).

Die *Produktivität* des Kapitals besteht zunächst, die *formelle* Subsumtion betrachtet, bloss in dem *Zwang zur Surplusarbeit;* ein Zwang, den die kapitalistische Produktionsweise mit frühern Produktionsweisen teilt, aber in einer der Produktion günstigeren Form ausübt.

Selbst das bloss *formelle* Verhältnis betrachtet, die *allgemeine* Form der kapitalistischen Produktion, die ihre minder mit ihrer mehr entwickelten Weise teilt, erscheinen die *Produktionsmittel*, die *sachlichen Arbeitsbedingungen*, nicht als dem Arbeiter, sondern er ihnen subsumiert. Capital *employs* labour. Schon dies Verhältnis in seiner

Einfachheit Personifizierung der Sachen und Versachlichung der Personen.

Komplizierter aber und scheinbar mysteriöser wird das Verhältnis, indem mit der Entwicklung der spezifisch kapitalistischen Produktionsweise, nicht nur diese Dinge — diese Produkte der Arbeit, als Gebrauchswerte wie als Tauschwerte — sich dem Arbeiter gegenüber auf die Füsse stellen und ihm als «*Kapital*» gegenübertreten, sondern der gesellschaftlichen Form der Arbeit sich als *Entwicklungsformen des Kapitals* darstellen und daher die so entwickelten Produktivkräfte der gesellschaftlichen Arbeit als *Produktivkräfte des Kapitals.* Als solche gesellschaftliche Kräfte sind sie der Arbeit gegenüber «*kapitalisiert*». In der Tat ist die *gemeinschaftliche* Einheit in der Kooperation, die Kombination in der Teilung der Arbeit, die Anwendung der Naturkräfte und Wissenschaften, der Produkte der Arbeit als *Maschinerie* — alles dies tritt den einzelnen Arbeitern als *fremd, sachlich, vorgefunden,* ohne und oft gegen ihr Zutun da, selbständig gegenüber, als blosse Daseinsformen der von ihnen unabhängigen und sie *beherrschenden Arbeitsmittel,* soweit sie *sachlich,* und den im Kapitalisten oder seinen understrappers (Repräsentanten) inkarnierten Einsicht und Willen des Gesamtateliers, soweit dies durch ihre eigne Kombination gebildet — als *Funktionen* des Kapitals, das im Kapitalisten lebt. Die gesellschaftlichen Formen ihrer eignen Arbeit - subjektiv-objektiv — oder die Form ihrer eignen gesellschaftlichen Arbeit sind von den einzelnen Arbeitern ganz unabhängig gebildete Verhältnisse; die Arbeiter als unter das Kapital subsumiert, werden Elemente dieser gesellschaftlichen Bildungen, aber diese gesellschaftlichen Bildungen gehören nicht ihnen. Sie treten ihnen daher gegenüber als *Gestalten* des Kapitals selbst, als im Unterschied von ihrem vereinzelten Arbeitsvermögen dem Kapital gehörige, aus ihm entspringende und ihm einverleibte Kombinationen. Und dies nimmt um so realere Form an, je mehr einerseits ihr Arbeitsvermögen selbst durch diese Formen so modifiziert wird, dass es in seiner Selbständigkeit, also *ausser* diesem kapitalistischen Zusammenhang ohnmächtig wird, seine selbständige Produktionsfähigkeit gebrochen wird, andrerseits mit der Entwicklung der Maschinerie auch technologisch die Bedingungen der Arbeit als die Arbeit beherrschend erscheinen und zugleich sie ersetzen, unterdrücken, überflüssig machen in ihren selbständigen Formen. In diesem Prozess, worin die *gesellschaftlichen* Charaktere ihrer Arbeit ihnen gewissermassem *kapitalisiert* gegenübertreten — wie z. B. in der Maschinerie die sichtbaren Produkte der Arbeit als Beherrscher der Arbeit erscheinen — findet natürlich dasselbe statt für die Naturkräfte und die Wissenschaft, das Produkt der allgemeinen geschichtlichen Entwicklung in ihrer abstrakten Quintessenz — sie treten ihnen als *Mächte* des Kapitals gegenüber. Sie trennen sich in der Tat von dem Geschick und der Kenntnis des einzelnen Arbeiters — und obgleich sie an ihrer Quelle betrachtet wieder das Produkt der Arbeit sind — erscheinen sie überall, wo sie in den Arbeitsprozess eintreten, als dem Kapital *einverleibt*. Der Kapitalist, der eine Maschine anwendet, braucht sie nicht zu verstehn. (Sieh Ure). Aber *in der Maschine* erscheint die realisierte Wissenschaft als *Kapital* den Arbeitern gegenüber. Und in der Tat erscheinen alle diese auf *gesellschaftliche Arbeit* begründete Anwendung von Wissenschaft, Naturkraft, und Produkte der Arbeit in grossen Massen, ja selbst nur als *Exploitationsmittel* der Arbeit, als Mittel Surplusarbeit anzueignen, daher als dem Kapital angehörige *Kräfte* gegenüber der Arbeit. Das Kapital wendet natürlich alle diese Mittel nur an, um die Arbeit zu exploitieren, aber, um sie zu exploitieren, muss es sie auf die Produktion anwenden. Und so erscheint die Entwicklung der *gesellschaftlichen* Produktivkräfte der Arbeit und die Bedingungen dieser Entwicklungen, als *Tat des Kapitals*, zu der sich der einzelne Arbeiter nicht nur passiv verhält, sondern die im Gegensatz zu ihm vorgehn.

Das Kapital selbst ist doppelt, da es aus Waren besteht,

[1] *Tauschwert* (Geld), aber sich *verwertender Wert*, Wert, der dadurch Wert schafft, als *Wert wächst*, ein Increment erhält, dass es *Wert* ist. Dies reduziert sich auf Austausch eines gegebnen Quantums vergegenständlichter Arbeit gegen ein grösseres Quantum lebendiger Arbeit.

[2] *Gebrauchswert*, und hier erscheint es seinen bestimmten Verhältnissen im Arbeitsprozess nach. Aber grade hier bleibt es nicht bloss Arbeitsmaterial, Arbeitsmittel, denen die *Arbeit* gehört, die sich die Arbeit einverleibt haben, sondern mit der Arbeit auch ihre *gesellschaftlichen Kombinationen* und die diesen gesellschaftlichen Kombinationen entsprechende Entwicklung der Arbeitsmittel. Die kapitalistische Produktion entwickelt zuerst im Grossen — reisst los von dem einzelnen selbständigen Arbeiter — die Bedingungen des Arbeitsprozesses, sowohl seine gegenständlichen, als subjektiven, aber entwickelt sie als den *einzelnen Arbeiter* beherrschende und ihm *fremde* Mächte.

So wird das Kapital ein sehr mysteriöses Wesen.

491 || Die Arbeitsbedingungen türmen sich als *soziale Mächte* gegenüber dem Arbeiter auf und in dieser Form sind sie *kapitalisiert*.

Das Kapital ist also *produktiv,*

1) als *Zwang zur Surplusarbeit.* Die Arbeit ist *produktiv* eben als Verrichter dieser Surplusarbeit, durch die Differenz zwischen dem Wert des Arbeitsvermögens und seiner Verwertung.

2) als *Personifikation und Repräsentant,* verdinglichte Gestalt der «gesellschaftlichen Produktivkräfte der Arbeit» oder der Produktivkräfte der gesellschaftlichen Arbeit. Wie das Gesetz der kapitalistischen Produktion — die Kreation von Mehrwert etc. — hierzu zwingt, früher auseinandergesetzt. Es erscheint als ein Zwang, den die Kapitalisten sich wechselseitig und den Arbeitern antun, — also in der Tat als Gesetz des Kapitals gegen beide. Die gesellschaftliche Naturkraft der Arbeit entwickelt sich nicht im *Verwertungsprozess* als solchem; sondern im *wirklichen Arbeitsprozess.* Sie stellt sich daher dar als Eigenschaften, die dem Kapital als Ding zukommen, als sein Gebrauchswert. Die produktive Arbeit — als Wert produzierend, steht dem Kapital stets als Arbeit der *vereinzelten* Arbeiter gegenüber, welche gesellschaftlichen Kombinationen diese Arbeiter immer im Produktionsprozess eingehn mögen. Während das Kapital so den Arbeitern gegenüber die gesellschaftliche Produktivkraft der Arbeit, stellt die produktive Arbeit dem Kapital gegenüber immer nur die Arbeit der *vereinzelten* Arbeiter dar.

Man hat bei dem *Akkumulationsprozess* gesehn, wie das Moment, wodurch die bereits vergangene Arbeit in der Form produzierter Produktivkräfte und Produktionsbedingungen die Reproduktion, dem Gebrauchswert und Tauschwert nach, steigert — sowohl die Wertmasse, die ein bestimmtes Quantum lebendiger Arbeit *erhält,* als die *Masse Gebrauchswerte,* die es neu produziert — als dem *Kapital immanente Kraft* erscheint, weil die *vergegenständlichte Arbeit* stets kapitalisiert dem Arbeiter gegenüber funktioniert.

«Le capital c'est la puissance démocratique, philanthropique et égalitaire par excellence». (29. *F. Bastiat. Gratuité du crédit* etc. *Paris, 1850).*

«Stock cultivates land: stock employs labour». *(A. Smith,* l. c., b. V., ch. II., edit. *Buchanan.* 1814. v. III, p. 309).

«Capital is... collective force». (162. *John Wade. History of the Middle and Working Classes* etc. 3 ed. *London, 1835),* «Kapital ist nur ein anderer Name für Zivilisation». (104. l. c.).

«La classe des capitalistes, considérée en bloc, se trouve dans une position normale, en ce que son bien-être suit la marche du progrès social». (75, *Riche ou Pauvre. Cherbuliez.*) «Le capitaliste est l'homme social par excellence, il représente la civilisation». (76. l. c.).

Flach: «*Poductive Power of capital* ist nichts als die Quantität der realen productive power, welche der Kapitalist vermittelst seines Kapitals kommandieren kann». (p. 91. *J. St. Mill: Essays on some unsettled questions of Politcal Economy. London, 1844*).

«The accumulation of *capital*, o r the *means of employing labour*... must in all cases depend on the *productive powers of labour*». (92. *Ricardo. Principles.* 3 ed. 1821). Ein Kommentator von Ricardo bemerkt hierzu: «*If the productive powers of labour mean the smallness of that aliquot part of any produce that goes to those whose manual labour produced it,* the sentence is nearly identical». (p. 71. *Observations on certain verbal disputes in Political Economy. London, 1821*).

Die beständige Transposition der Arbeit in das Kapital gut aus gedrückt in folgenden naiven Sätzen *Destutt de Tracys:*

«Ceux qui vivent de profits — (les capitalistes industrieux) alimentent tous les autres, et seuls augmentent la fortune publique et créent tous nos moyens de jouissance. Cela doît être, *puisque le travail est la source de toute richesse,* et puisque eux seuls donnent une *direction* utile au travail actuel, en faisant un usage utile du travail accumulé». (242. *Destutt de Tracy* l. c. [«Traité d'Economie Politique.»]). Weil die Arbeit die Quelle alles Reichtums ist, ist das Kapital der Vermehrer allen Reichtums. «Nos facultés sont notre seule richesse originaire, notre travail produit tous les autres, et tout travail bien dirigé est productif». (243. l. c.). Unsre Vermögen sind unser einziger Originalreichtum. Darum ist das Arbeitsvermögen kein Reichtum. Die Arbeit produziert alle andren Reichtümer, d. h. sie produziert Reichtümer für alle andern ausser sich selbst, und nicht sie selbst ist Reichtum, sondern bloss ihr Produkt. Jede wohldirigierte Arbeit ist produktiv; d. h. jede produktive Arbeit, jede Arbeit, die dem Kapitalisten Profit abwirft, ist wohldirigiert.

So sehr ist in der Vorstellung die Transposition der gesellschaftlichen Produktivkräfte der Arbeit in dingliche Eigenschaften des Kapitals eingebürgert, dass die Vorteile der Maschinerie, Anwendung der Wissenschaft, Erfindung usw. in dieser ihrer *entfremdeten* Form als die *notwendige* Form, und daher dies alles als *Eigenschaften des Kapitals* vorgestellt wird. Was hier als Basis dient, ist 1) die Form, worin sich auf Basis der kapitalistischen Produktion, also auch im Bewusstsein der in dieser Produktionsweise Befangenen, die Sache darstellt; 2) das historische Faktum, dass zuerst und im Unterschied zu frühern Produktionsweisen in der *kapitalistischen* Produktionsweise diese Entwicklung stattfindet, der *gegensätzliche* Charakter dieser Entwicklung also ihr immanent *scheint.*

[II*. DIE KAPITALISTISCHE PRODUKTION IST PRODUKTION UND REPRODUKTION DES SPEZIFISCH KAPITALISTISCHEN PRODUKTIONSVERHÄLTNISSES]

492 || Das Produkt der kapitalistischen Produktion ist nicht nur *Mehrwert*, es ist *Kapital.*

Kapital ist, wie wir sahen, G-W-G′, sich selbst *verwertender Wert*, Wert, der Wert gebiert.

Zunächst ist die vorgeschossene Geld- oder Wertsumme, selbst nach ihrer Verwandlung in die Faktoren des Arbeitsprozesses — in Produktionsmittel, *konstantes* Kapital — und in *Arbeitsvermögen*, worin sich das variable Kapital umgesetzt hat, nur *an sich*, nur δυνάμει Kapital und solches ist es noch mehr *nur*, vor seiner Umsetzung in die Faktoren des wirklichen Produktionsprozesses. Erst innerhalb desselben, durch *wirkliche* Einverleibung der lebendigen Arbeit in die gegenständlichen Daseinsformen des Kapitals, erst durch die wirkliche Einsaugung von zusätzlicher Arbeit, verwandelt sich nicht nur *diese Arbeit* in Kapital, sondern verwandelt sich die vorgeschossene Wertsumme aus möglichem Kapital, aus Kapital der Bestimmung nach, in wirkendes und wirkliches Kapital. Was ging während des Gesamtprozesses vor? Der Arbeiter verkaufte die Verfügung über sein Arbeitsvermögen um die notwendigen Lebensmittel, gegen einen gegebenen Wert, bestimmt durch den Wert seines Arbeitsvermögens. Was ist also, ihn betrachtet, das Resultat? Simplement und purement die Reproduktion seines Arbeitsvermögens. Was gab er daher weg? Die Wert erhaltende, Wert schaffende und vermehrende Tätigkeit, seine Arbeit. Er kömmt also aus dem Prozess heraus, wie er, von der Abnutzung seiner Arbeitskraft abgesehn, in ihn eintrat, als bloss subjektive Arbeitskraft, die denselben Prozess von neuem durchlaufen muss, um sich zu erhalten.

Das Kapital dagegen kömmt nicht aus dem Prozess heraus, wie es in ihn einging. Es hat sich *in* ihm erst in wirkliches Kapital, in

* [Im Manuskript:] ad 3) [Sieh. S. 4, unsere Note. *D. Red.*]

sich verwertenden Wert verwandelt. Das Gesamtprodukt ist jetzt die Form, worin es als verwirklichtes Kapital existiert und als solches steht es als Eigentum des Kapitalisten, als selbständige und durch die Arbeit selbst geschaffene Macht ihr von neuem gegenüber. Der Produktionsprozess war daher nicht nur sein Reproduktionsprozess, sondern sein Produktionsprozess als Kapital. Früher standen die Produktionsbedingungen sofern als Kapital gegenüber, als er sie *verselbständigt* sich gegenüber *vorfand.* Jetzt ist es das Produkt seiner eigenen Arbeit, dass er sie als in *Kapital* verwandelte Produktionsbedingungen sich gegenüber findet. Was als Voraussetzung, ist nun das Resultat des Produktionsprozesses.

Dass der Produktionsprozess *Kapital* schafft, ist soweit nur ein andrer Ausdruck dafür, dass er *Mehrwert* geschaffen hat.

Aber hierbei bleibt die Sache nicht stehn. Der *Mehrwert* wird rückverwandelt in zusätzliches Kapital, zeigt sich als Bildung von neuem Kapital oder von vergrössertem Kapital. So hat das *Kapital Kapital* geschaffen, sich nicht nur als Kapital realisiert. Der *Akkumulationsprozess* ist selbst ein immanentes Moment des kapitalistischen Produktiosprozesses. Er schliesst ein neue *Schöpfung von Lohnarbeitern,* Mitteln zur Verwirklichung und Vermehrung des vorhandenen Kapitals, sei es nun, dass früher von der kapitalistischen Produktion noch nicht ergriffene Teile der Bevölkerung, wie Weiber und Kinder, von ihm subsumiert, sei es, dass die durch den natürlichen Anwuchs der Population vermehrte Arbeitermasse ihm unterworfen wird. Bei näherer Betrachtung ergibt sich, dass das Kapital diese Produktion der Arbeitskraft selbst, die Produktion der von ihm auszubeutenden Menschenmasse, seinen Exploitationsbedürfnissen gemäss *regelt.* Kapital produziert also nicht nur Kapital, es produziert eine wachsende Arbeitermasse, den Stoff, wodurch es allein als zusätzliches Kapital funktionieren kann. Die Arbeit produziert also nicht nur im Gegensatz zu sich die Arbeitsbedingungen auf stets erweiterter Stufenleiter als *Kapital,* sondern das Kapital produziert auf stets sich erweiternder Stufenleiter die *produktiven Lonharbeiter,* deren es bedarf. Die Arbeit produziert ihre Produktionsbedingungen als *Kapital* und das Kapital die Arbeit als Mittel seiner Verwirklichung als Kapital, als Lonharbeit. Die kapitalistische Produktion ist nicht nur Reproduktion des Verhältnisses, sie ist seine Reproduktion auf stets wachsender Stufenleiter, und im selben Masse, wie mit der

kapitalistischen Produktionsweise die gesellschaftliche Produktivkraft der Arbeit sich entwickelt, wächst der dem Arbeiter gegenüber aufgetürmte Reichtum, als ihn *beherrschender Reichtum*, als *Kapital*, dehnt sich ihm gegenüber die Welt des Reichtums als eine ihm fremde und ihn beherrschende Welt aus, und in demselben Verhältnis entwickelt sich seine subjektive Armut, Bedürftigkeit und Abhängigkeit im Gegensatz. Seine *Entleerung* und jene *Fülle* entsprechen sich, gehn gleichen Schritt. Zugleich vermehrt sich die Masse dieser lebendigen Produktionsmittel des Kapitals, das arbeitende *Proletariat*.
493 || *Wachstum des Kapitals* und *Zunahme des Proletariats* erscheinen daher als zusammengehörige, wenn auch polarisch verteilte *Produkte* desselben Prozesses.

Das Verhältnis wird nicht nur reproduziert, nicht nur auf beständig massenhafterer Stufenleiter produziert, das nicht nur mehr Arbeiter sich schafft und auch früher ihm nicht unterworfene Produktionszweige fortwährend ergreift, sondern, wie sich bei Darstellung der spezifisch kapitalistischen Produktionsweise gezeigt hat, es wird unter beständig günstigeren Umständen für die eine Seite, die Kapitalisten, und beständig ungünstigeren für die andre, die Lohnarbeiter, reproduziert.

Die Kontinuität des Produktionsprozesses betrachtet, ist der Arbeitslohn nur der *Teil* des vom Arbeiter beständig produzierten Produkts, der sich an ihn in Lebensmittel umsetzt und daher in Mittel der Erhaltung und Vermehrung der Arbeitsvermögen, deren das Kapital zu seiner Selbstverwertung, zu seinem Lebensprozess bedarf. Diese Erhaltung und Vermehrung der Arbeitsvermögen, als Resultat des Prozesses, erscheint also selbst nur als Reproduktion und Erweiterung seiner ihm gehörigen Reproduktionsbedingungen und Akkumulationsbedingungen. (Sieh den Yankee).

Damit verschwindet auch der *Schein*, den auf der Oberfläche das Verhältnis besass, dass sich gleichberechtigte *Warenbesitzer* in der Zirkulation, auf dem Warenmarkt gegenübertreten, die wie alle andren *Warenbesitzer* nur durch den stofflichen Inhalt ihrer Waren, den besondern Gebrauchswert der Waren, die sie aneinander zu verkaufen haben, sich von einander unterscheiden. Oder diese *ursprüngliche* Form des Verhältnisses bleibt nur noch als *Schein* des ihm zugrunde liegenden, des *kapitalistischen* Verhältnisses, übrig.

Es sind hier zwei Momente zu unterscheiden, wodurch die *Reproduktion des Verhältnisses selbst* auf stets sich erweiternder Stufenleiter sich als *Resultat des kapitalistischen Produktionsprozesses* von der ersten Form unterscheidet, wie sie einerseits *historisch* auftritt, andrerseits auf der Oberfläche der entwickelten kapitalistischen Gesellschaft sich beständig von neuem darstellt.

1) *Erstens mit Bezug auf den einleitenden Prozess,* der innerhalb der Zirkulation vorgeht, den *Kauf und Verkauf von Arbeitsvermögen.*

Der kapitalistische Produktionsprozess ist nicht nur die *Verwandlung* des Werts oder der Ware, die der Kapitalist zum Teil auf den Markt bringt, zum Teil innerhalb des Arbeitsprozesses an sich hält, in *Kapital;* sondern diese in Kapital *verwandelten* Produkte sind nicht *seine* Produkte, sondern die des Arbeiters. Er verkauft beständig ihm einen Teil seines Produkts — notwendige Lebensmittel — für Arbeit; zur Erhaltung und Vermehrung des Arbeitsvermögens, des *Käufers* selbst, und borgt ihm gegenüber beständig einen anderen Teil seines Produkts, die objektiven Arbeitsbedingungen, als Mittel zur Selbstverwertung des Kapitals, als *Kapital.* Während der Arbeiter so seine Produkte als *Kapital*, reproduziert der Kapitalist den Arbeiter als *Lonharbeiter* und daher als Verkäufer seiner Arbeit. Das Verhältnis von blossen Warenverkäufern schliesst ein, dass sie *ihre* eignen, in verschiedenen Gebrauchswerten verkörperten *Arbeiten* austauschen. Der Kauf und Verkauf des Arbeitsvermögens als beständiges *Resultat* des kapitalistischen Produktionsprozesses schliesst ein, dass der Arbeiter beständig einen Teil seines eigenen Produkts gegen seine lebendige Arbeit *zurückkaufen* muss. Damit *zerrinnt* der *Schein* des blossen *Vergältnissee* von *Warenbesitzern.* Dieser beständige Kauf und Verkauf von Arbeitsvermögen und das beständige Gegenübertreten der von dem Arbeiter selbst produzierten Ware als *Käufer* seines Arbeitsvermögens und als konstantes Kapital, erscheint nur als *vermittelnde Form* seiner Unterjochung unter das Kapital, der lebendirgen Arbeit als blossen Mittels zur Erhaltung und Vermehrung der ihr gegenüber verselbständigten *gegenständlichen* Arbeit. Es ist dies eine dieser Produktionsweise immanente *Form* der Vermittlung, diese Verewigung des Verhältnisses des Kapitals als Käufers und des Arbeiters als Verkäufers von Arbeit; aber es ist eine Form, die sich nur der Form nach von andern mehr direkten Formen der Knechtung der Arbeit und des *Eigentums an sie* auf Seiten der Besitzer der Produktionsbedingungen unterscheidet. Sie *vertuscht* als blosses *Geldverhältnis* die wirkliche·Transaktion und die perpetuierliche Abhängigkeit, die beständig erneuert wird, durch diese Vermittlung des Kaufs und Verkaufs. Es werden nicht nur reproduziert beständig die Bedingungen dieses *Handels;* sondern das, womit der eine kauft, und was
494 der andre verkaufen muss, ist Resultat || des Prozesses. Die beständige Erneuerung dieses Verhältnisses von *Kauf und Verkauf* vermittel

nur die Beständigkeit des spezifischen Abhängigkeitsverhältnisses und gibt ihr den betrügenden *Schein* einer Transaktion, eines Kontrakts zwischen gleichberechtigten und sich gleich frei gegenüberstehenden *Warenbesitzern.* Dieses *einleitende* Verhältnis erscheint jetzt selbst als immanentes Moment der in der kapitalistischen Produktion produzierten Herrschaft der gegenständlichen Arbeit über die lebendige.

Es irren also sowohl

die, die die Lonharbeit, den Verkauf der Arbeit an das Kapital, und damit die Form des *Salariats,* als der kapitalistischen Produktion *äusserlich* betrachten; sie ist eine *wesentliche* und durch das kapitalistische Produktionsverhältnis selbst stets von neuem produzierte *Form* der Vermittlung desselben;

die, die in diesem oberflächlichen Verhältnis, in dieser *wesentlichen Formalität, Schein* des Kapitalverhältnisses, sein *Wesen* selbst finden, und daher das Verhältnis zu charakterisieren vorgeben, indem sie Arbeiter und Kapitalisten unter das allgemeine Verhältnis von *Warenbesitzern* subsumieren und damit apologisieren, seine differentia specifica auslöschen.

2) Damit das Kapitaliverhältnis überhaupt eintrete, ist bestimmte historische Stufe und Form der gesellschaftlichen Produktion vorausgesetzt. Es müssen sich, innerhalb einer früheren Produktionsweise, Verkehrs- und Produktionsmittel und Bedürfnisse entwickelt haben, die über die alten Produktionsverhältnisse hinaus und zu ihrer Verwandlung in das Kapitalverhältnis hindrängen. Aber sie brauchen nur so weit entwickelt zu sein, damit die formelle Subsumtion der Arbeit unter das Kapital vor sich gehe. Auf Basis dieses veränderten Verhältnisses entwickelt sich aber eine spezifisch veränderte Produktionsweise, die einerseits neue materielle Produktivkräfte schafft, andrerseits auf deren Grundlage sich erst entwickelt, und damit in der Tat sich neue reale Bedingungen schafft. Es tritt damit eine vollständige ökonomische Revolution ein, die einerseits erst der Herrschaft des Kapitals über die Arbeit ihre realen Bedingungen schafft, vollendet, entsprechende Form gibt, andrerseits in den von ihr gegensätzlich zum Arbeiter entwickelten Produktivkräften der Arbeit, Produktionsbedingungen und Verkehrsverhältnissen, die realen Bedingungen einer neuen, die gegensätzliche Form der kapitalistischen Produktionsweise aufhebenden Produktionsweise, und so die materielle Basis eines neu

gestalteten gesellschaftlichen Lebensprozesses und damit einer neuen Gesellschaftsformation schafft.

Es ist dies eine wesentlich verschiedene Auffassung von der der bürgerlichen, in den kapitalistischen Vorstellungen selbst befangenen Oekonomen, die zwar sehn, wie *innerhalb* des Kapitalverhältnisses produziert wird, aber nicht, wie dieses *Verhältnis* selbst produziert wird und zugleich in ihm die materiellen Bedingungen seiner Auflösung produziert und damit seine *historische Berechtigung* als *notwendige Form* der ökonomischen Entwicklung, der Produktion des gesellschaftlichen Reichtums, beseitigt wird.

Wir haben dagegen gesehn, nicht nur wie das Kapital produziert, sondern wie es selbst produziert wird und wie es als ein wesentlich verändert[es] aus dem Produktionsprozess herauskömmt als wie es in ihn einging. Einerseits gestaltet es die Produktionsweise um; andrerseits ist diese veränderte Gestalt der Produktionsweise und eine besondre Stufe der Entwicklung der materiellen Produktivkräfte die Grundlage und Bedingung — die Voraussetzung seiner eignen Gestaltung.

495 || **Resultat des unmittelbaren Produktionsprozesses**

Nicht nur die gegenständlichen Bedingungen des Produktionsprozesses erscheinen als sein Resultat; sondern ebenso ihr *spezifisch gesellschaftlicher* Charakter; die gesellschaftlichen Verhältnisse, und daher die gesellschaftliche Stellung der Produktionsagenten gegen einander, — die *Produktionsverhältnisse* selbst werden produziert, sind beständig erneuertes Resultat des Prozesses*.

[454] **Uebergang von 1) und 2) dieses Kapitels zu 3) was wir hier zuerst als 1) behandeln****

Wir haben gesehn, dass die kapitalistische Produktion Produktion von Mehrwert ist und als solche Produktion von Mehrwert (in der *Akkumulation)* zugleich *Produktion von Kapital* und *Produktion* und Reproduktion des ganzen Kapitalverhältnisses auf stets ausgedehnterer (erweiterter) Stufenleiter. Aber der Mehrwert wird nur produziert als ein Teil des Warenwerts, wie er sich denn auch darstellt in einem bestimmten Quantum Ware oder surplusproduce. Das Kapital produziert nur *Mehrwert* und reproduziert sich selbst nur als *Produzent von Waren*. Es ist daher die *Ware* als sein *unmittelbares Produkt*, womit wir uns zunächst wieder beschäftigen müssen. *Waren* aber, wie wir gesehn haben, sind ihrer *Form* (ihrer ökonomischen Formbestimmtheit

* [Mit diesem Satz bricht im Manuskript der Text des VI. Kapitels ab. *D. Red.*]

** [Siehe S. 4, unsere Note. *D. Red.*]

nach) betrachtet, *unvollständige Resultate.* Sie haben erst gewisse Formverwandlungen durchzumachen—sie müssen in den Austauschprozess wieder eingehn, worin sie diese Formverwandlungen durchmachen—bevor sie als Reichtum, sei es in der Form von Geld, sei es als Gebrauchswerte, wieder funktionieren können. Wir haben also die *Ware* jetzt als nächstes Resultat des kapitalistischen Produktionsprozesses näher zu betrachten und dann die weitren Prozesse, die sie durchzumachen hat. (Waren sind die Elemente der kapitalistischen Produktion und Waren sind das *Produkt* derselben, sind die Form, worin das Kapital am Ende des Produktionsprozesses wieder erscheint.

[444] || Wir gehn von der Ware, von dieser spezifisch gesellschaftlichen Form des Produkts — als Grundlage und Voraussetzung der kapitalistischen Produktion aus. Wir nehmen das einzelne Produkt in die Hand und analysieren die Formbestimmtheiten, die es als Ware enthält, die es zur Ware stempeln. Vor der kapitalistischen Produktion wird ein grosser Teil des Produkts nicht als Ware produziert, nicht zur Ware. Andrerseits ist dann ein grosser Teil der Produkte, die in die Produktion eingehn, nicht Ware, geht nicht als Ware in den Produktionsprozess ein. Die Verwandlung der Produkte in Waren findet nur an einzelnen Punkten statt, erstreckt sich nur auf den Ueberschuss der Produktion, oder nur auf einzelne Sphären derselben (Manufakturprodukte) etc. Die Produkte gehn weder dem ganzen Umfang nach als Handelsartikel in den Prozess ein, noch kommen sie ihrer ganzen Breite nach als solche aus ihm heraus [5]. Dennoch ist Warenzirkulation und Geldzirkulation in bestimmten Grenzen, daher eine bestimmte Gradentwicklung des Handels, *Voraussetzung, Ausgangspunkt der Kapitalbildung* und der kapitalistischen Produktionsweise. Als solche Voraussetzung behandeln wir die Ware, indem wir von ihr als dem einfachsten Element der kapitalistischen Produktion ausgehn. Andrerseits aber ist die *Ware* Produkt, Resultat der kapitalistischen Produktion. Was erst als ihr Element, stellt sich später als ihr eignes Produkt dar. Erst auf ihrer Basis wird es allgemeine Form des Produkts Ware zu sein, und je mehr sie sich entwickelt, desto mehr gehn alle Produktionsingredienzen als Ware in ihren Prozess ein*.

[5] Sieh das *französische Werk*, das about 1752, wo behauptet, dass vor... Weizen nur als Handelsartikel in Frankreich betrachtet worden sei.

* [Hach der Ueberschrift der beiden vorigen Absätze, machte Marx den Vermerk:] (*Cf. p. 444*) [Dementsprechend plazieren wir den Text des vorstehenden Absatzes, der auf der Seite 444 des Manuskripts durch mehrfache Einklammerung hervorgehoben ist, an diese Stelle. *D. Red.*]

[441] || [III] * WAREN ALS PRODUKT DES KAPITALS

Die *Ware*, als die elementarische Form des bürgerlichen Reichtums, war unser Ausgangspunkt, die Voraussetzung für die Entstehung des Kapitals. Andrerseits erscheinen *Waren* jetzt als das *Produkt des Kapitals.*

Dieser Zirkellauf unsrer Darstellung entspricht sowohl der *historischen Entwicklung* des Kapitals, für welche ein *Warenaustausch*, *Warenhandel* eine der Entstehungsbedingungen bildet, die sich selbst aber auf der Grundlage verschiedener Produktionsstufen bildet, denen allen gemein ist, dass in ihnen die kapitalistische Produktion noch garnicht oder nur noch sporadisch existiert. Andrerseits ist der entwickelte Warenaustausch und die *Form der Ware* als allgemein notwendige gesellschaftliche Form des Produkts selbst erst das *Resultat der kapitalistischen Produktionsweise.*

Betrachten wir andrerseits die Gesellschaften *entwickelter kapitalistischer Produktion*, so erscheint in ihnen die Ware sowohl als die beständige elementarische <Existenzbedigung> Voraussetzung des Kapitals wie andrerseits als das unmittelbare Resultat des kapitalistischen Produktionsprozesses.

Ware und Geld sind beide elementarische Voraussetzungen des Kapitals, entwickeln sich aber erst zu Kapital unter gewissen Bedingungen. Kapitalbildung kann nicht stattfinden, ausser auf Grundlage der Warenzirkulation (welche Geldzirkulation einschliesst), also auf einer schon gegebenen, zu einem gewissen Umfang gediehenen Stufe des Handels, während umgekehrt Warenproduktion und Warenzirkulation zu ihrem Dasein keineswegs die kapitalistische Produktionsweise voraussetzen, vielmehr, wie ich früher schon auseinandergesetzt [1], auch «vorbürgerlichen Gesellschaftsformen angehört». Sie sind *historische*
442 *Voraussetzung* der kapitalistischen Produktionsweise. || Andrerseits aber wird die Ware erst die *allgemeine Form des Produkts*, muss alles Produkt die Form der Ware annehmen, ergreifen Kauf und Verkauf nicht nur den Ueberfluss der Produktion, sondern ihre Substanz selbst, und treten die verschiedenen Produktionsbedingungen selbst umfassend als *Waren* auf, die aus der Zirkulation in den Produktionsprozess eingehn, nur auf Grundlage der kapitalistischen Produktion. Wenn die *Ware* daher einerseits als Voraussetzung der Kapitalbildung, erscheint

* [In Manuskript:] ad 1) [Vergleiche S. 4 dieses Bandes. *D. Red.*]

[1] «Zur Kritik der politischen Oekonomie», Berlin 1859, p. 74.

andrerseits die *Ware*, soweit sie *allgemeine elementarische Form des Produkts* ist, wesentlich als das Produkt und Resultat des kapitalistischen Produktionsprozesses. Produkte nehmen auf früheren Produktionsstufen *teilweise* die Form der Ware an. Das Kapital dagegen produziert sein Produkt notwendig als *Ware* [2]. Im Mass der Entwicklung der kapitalistischen Produktion, id est des Kapitals, realisieren sich daher auch die allgemeinen über die Ware entwickelten Gesetze, z. B. die den Wert betreffenden, in der verschiedenen Form der Geldzirkulation.

Es zeigt sich hier, wie selbst früheren Produktionsepochen angehörige ökonomische Kategorien auf Grundlage der kapitalistischen Produktionsweise einen spezifisch verschiedenen, historischen Charakter erhalten.

Die Verwandlung des Geldes, das selbst nur verwandelte Form der Ware, in Kapital findet nur statt, sobald das Arbeitsvermögen in eine Ware für den Arbeiter selbst verwandelt ist, die Kategorie des Warenhandels sich also einer früher von ihr ausgeschlossenen oder nur sporadisch in ihr eingeschlossenen Sphäre schon bemächtigt hat. Nur sobald die arbeitende Bevölkerung aufgehört hat, entweder selbst zu den *objektiven* Arbeitsbedingungen noch zu gehören oder selbst noch als Warenproduzent auf den Markt zu treten, statt des Produkts ihrer Arbeit vielmehr ihre Arbeit selbst oder genauer ihr Arbeitsvermögen verkauft, wird die Produktion ihrem ganzen Umfang, ihrer ganzen Tiefe und Breite nach *Warenproduktion*, verwandelt sich alles Produkt in Ware und treten die gegenständlichen Bedingungen jeder einzelnen Produktionssphäre selbst als Ware in sie ein. Nur auf Grundlage der kapitalistischen Produktion wird die Ware in der Tat die *allgemeine elementarische Form des Reichtums.* Hat sich das Kapital z. B. noch nicht der Agrikultur bemächtigt, so wird ein grosser Teil des Produkts noch unmittelbar als Subsistenzmittel, nicht als Ware produziert werden; ein grosser Teil der Arbeiterbevölkerung wird noch nicht in Lonharbeiter und ein grosser Teil der Arbeitsbedingungen noch nicht in Kapital verwandelt sein. Es ist hierin eingeschlossen, dass die entwickelte Teilung der Arbeit, wie sie *zufällig* im Innern der Gesellschaft erscheint, und die kapitalistische Teilung der Arbeit im Innern des Ateliers, einander wechselseitig bedingen und produzieren. Denn *Ware* als notwendige Form des Produkts und daher die Entäusserung des Produkts als notwendige Form seiner Aneignung, unterstellt völlig entwickelte *Teilung der gesellschaftlichen Arbeit,* während andrerseits nur auf Grundlage der kapitalistischen Produktion, also auch der *kapitalistischen Teilung der Arbeit* im Innern des Ateliers, alles Produkt notwendig

---

[2] Sismondi.

die Form der Ware annimmt und alle Produzenten daher notwendig Warenproduzenten sind. Mit der kapitalistischen Produktion ist daher auch erst allgemein der Gebrauchswert durch den Tauschwert vermittelt.

Drei Punkte.

1) Die kapitalistische Produktion macht erst Ware zur allgemeinen Form aller Produkte.

2) Warenproduktion führt notwendig zur kapitalistischen Produktion, sobald der Arbeiter aufgehört hat Teil der Produktionsbedingungen zu sein (Sklaverei, Leibeigenschaft) oder die Basis nicht naturwüchsiges Gemeinwesen bleibt (Indien). Von dem Moment an, wo die Arbeitskraft selbst allgemein zur Ware wird.

3) Die kapitalistische Produktion hebt die Basis der Warenproduktion auf, die vereinzelte unabhängige Produktion und den Austausch der Besitzer von Waren oder den Austausch von Aequivalenten. Der Austausch von Kapital und Arbeitskraft wird formell:

Auf diesem Standpunkt wird es auch ganz gleichgültig, in welcher Form die Produktionsbedingungen selbst in den *Arbeitsprozess* eintreten, ob sie wie z. B. ein Teil des konstanten Kapitals, Maschinerie usw., nur ihren Wert allmählich an das Produkt abgeben oder wie das Roh-
443 material materiell in es aufgehn; ob ein Teil || des Produkts, wie z. B. der Samen in der Agrikultur, direkt wieder von Produzenten selbst als Arbeitsmittel vernutzt oder ob er erst vorher verkauft und dann von neuem in ein Arbeitsmittel verwandelt wird. Alle produzierten Arbeitsmittel funktionieren, abgesehen von ihrem Dienst als Gebrauchswerte im Produktionsprozess, jetzt zugleich als Elemente des *Verwertungsprozesses.* Soweit sie nicht in wirkliches Geld, werden sie in Rechengeld verwandelt, werden sie als Tauschwerte behandelt und, wird das Wertelement, das sie dem Produkt in einer oder der anderen Weise zusetzen, genau berechnet. Im selben Masse z. B. wie die Agrikultur ein kapitalistisch betriebener Industriezweig wird, — die kapitalistische Produktion ihren Sitz auf dem Lande aufschlägt — im selben Masse, wie die Agrikultur für den Markt produziert, *Waren* produziert, Artikel für den Verkauf und nicht die eigene unmittelbare Konsumtion, — im selben Masse berechnet sie ihre Auslagen, behandelt jedes item derselben als Ware, (ob sie es nun von einem Dritten, oder von sich selbst, *der Produktion,* kauft), und daher, soweit die Ware als selbständiger Tauschwert behandelt wird, als *Geld.* Da also Weizen, Heu, Vieh, Samen aller Art usw., als Waren *verkauft* werden — und sie ohne den Verkauf überhaupt nicht als Produkte gelten — gehn sie auch als

Waren, resp. als Geld in die Produktion ein. In demselben Masse wie die *Produkte*, werden natürlich auch die *Produktionsbedingungen, die Elemente der Produkte* — die mit jenen Produkten identische Dinge sind — zu *Waren* und, soweit der Verwertungsprozess in Betracht kömmt, werden sie in der selbständigen Form des Tauschwerts, als *Geldgrössen* verrechnet. Der unmittelbare Produktionsprozess ist hier beständig untrennbar *Arbeitsprozess und Verwertungsprozess*, wie das Produkt *Einheit von Gebrauchswert und Tauschswert*, d. h. *Ware*. Von diesem Formellen abgesehn: In demselben Masse entwickelt sich, dass der farmer z. B. seine *Auslagen kauft*, entwickelt sich also Samenhandel, Düngerhandel, Handel mit Zuchtvieh etc. — während er seine Einnahmen *verkauft;* dass also für den einzelnen farmer diese Produktionsbedingungen auch aktuell aus der Zirkulation in seinen Produktionsprozess eingehn, die Zirkulation faktisch zur Voraussetzung seiner Produktion wird, indem sie * mehr und mehr wirklich *gekaufte* (oder *kaufbare)* Waren sind. Waren sind sie schon ohnehin für ihn als Artikel, Arbeitsmittel, die zugleich *Wertteile* seines Kapitals bilden. (Er berechnet sie daher als an sich *qua Produzent* verkauft, wenn er sie in natura der Produktion zurückgibt.) Und zwar entwickelt sich dies in demselben Verhältnis, wie sich die kapitalistische Produktionsweise der Agrikultur entwickelt, sie also mehr und mehr fabrikmässig betrieben wird.

Die *Ware* als *allgemein notwendige Form des Produkts*, als spezifische Eigentümlichkeit der kapitalistischen Produktionsweise, zeigt sich handgreiflich in der mit der Entwicklung der kapitalistischen Produktion herbeigeführten Produktion auf grosser Stufenleiter, der Einseitigkeit und *Massenhaftigkeit des Produkts*, die ihm einen gesellschaftlichen und an die gesellschaftlichen Zusammenhänge streng gebundenen Charakter aufzwingt, dagegen seine unmittelbare Beziehung als Gebrauchswert zur Befriedigung des Bedürfnisses des Produzenten, als etwas ganz zufälliges, gleichgültiges und unwesentliches erscheinen lässt. Dies Massenprodukt muss als Tauschwert realisiert werden, die Metamorphose der Ware durchlaufen, nicht nur als eine Notwendigkeit für die Subsistenz des Produzenten, der als Kapitalist produziert, sondern als Notwendigkeit für die Erneuerung und Kontinuität des Produktionsprozesses selbst. Es fällt daher auch dem Handel anheim
444 Sein Käufer ist nicht || der unmittelbare Konsument, sondern der Kauf-

[* D. h. die Produktionsbedingungen. *D. Red.*]

mann, der die Metamorphose der Ware als ein eignes Geschäft betreibt[3]. Endlich entwickelt das Produkt seinen Charakter als Ware, und damit seinen Charakter als Tauschwert, indem sich mit der kapitalistischen Produktion die Mannigfaltigkeit der Produktionssphären, also die Sphäre der Austauschbarkeit des Produkts beständig vervielfacht[4].

Die *Ware*, wie sie aus der kapitalistischen Produktion herauskömmt, ist verschieden bestimmt von der Ware, wie von ihr als Element, Voraussetzung der kapitalistischen Produktion ausgegangen wird. Wir gingen aus von der einzelnen Ware als einem selbständigen Artikel, worin sich ein bestimmtes Quantum Arbeitszeit vergegenständlicht, und der daher einen Tauschwert von gegebener Grösse hat.

Die Ware erscheint jetzt doppelt weiter bestimmt:

1) Was in ihr vergegenständlicht, von ihrem Gebrauchswert abgesehn, ist ein bestimmtes Quantum gesellschaftlich notwendiger Arbeit, aber während es bei der Ware als solcher durchaus unentschieden bleibt (und in der Tat gleichgültig ist), von wem diese Vergegenständlichte Arbeit herrührt usw., enthält die *Ware* als *Produkt des Kapitals* zum Teil bezahlte, zum Teil unbezahlte Arbeit. Es ist vorhin bemerkt worden, dass dieser Ausdruck sofern nicht korrekt, als die Arbeit selbst nicht direkt gekauft und verkauft wird. Aber in der Ware ist eine Gesamtsumme Arbeit *vergegenständlicht.* Ein Teil dieser vergegenständlichten Arbeit (abgesehn vom konstanten Kapital, wofür Equivalent gezahlt) ist für das Equivalent des Arbeitslohns eingetauscht, ein andrer Teil ist ohne Equivalent vom Kapitalisten angeeignet. Beide Teile sind vergegenständlicht, daher als Teile des Warenwertes vorhanden. Und es dient als Abkürzung, den einen als bezahlte, den anderen als unbezahlte Arbeit zu charakterisieren.

445 || 2) Die einzelne Ware erscheint nicht nur materiell als Teil des Gesamtprodukts des Kapitals, als ein aliquoter Teil des von ihm produzierten lot. Wir haben überhaupt nicht mehr die einzelne selbständige Ware, das einzelne Produkt vor uns. Nicht einzelne Waren erscheinen als Resultat des Prozesses, sondern eine *Warenmasse*, worin sich der Wert des vorgeschossnen Kapitals + dem Mehrwert — der angeeigneten Surplusarbeit — reproduziert hat, und die jede einzelne: Träger des Werts des *Kapitals* und des von ihm produzierten Mehrwerts. Die auf einzelne Ware verwandte Arbeit, — schon wegen der Durchschnittsberechnung, also ideellen Schätzung, die gilt für den Teil des konstanten Kapitals, der bloss als Déchet in den Wert des Gesamtprodukts eingeht,

---

[3] Sismondi.

[4] Vgl. «*Zur Kritik der Politischen Oekonomie*», p. 17. Auch *Wakefield*.

wie überhaupt für die gemeinschaftlich konsumierten Produktionsbedingungen, wie endlich wegen der direkt gesellschaftlichen und zur Durchschnittsarbeit vieler kooperierenden Individuen sich ausgleichenden und geschätzten Arbeit — garnicht mehr zu berechnen. Sie gilt nur als aliquoter Teil der auf sie fallenden und *ideell* geschätzten Gesamtarbeit. Bei der *Preisbestimmung* der einzelnen Ware erscheint sie als blosser ideeller Teil des Gesamtprodukts, worin sich das Kapital reproduziert.

3) Als solcher, — Träger des Gesamtwerts des Kapitals + Mehrwerts, im Unterschied von der Ware, die uns ursprünglich selbständig erschien, — als *Produkt des Kapitals* — in der Tat als verwandelte Form des sich nun verwertet habenden Kapitals, zeigt sich die *Ware* jetzt in dem *Umfang*, den *Dimensionen* des *Verkaufes*, die stattfinden müssen, damit der alte Kapitalwert und ditto der von ihm erzeugte Mehrwert realisiert werden, was keineswegs damit geschieht, dass die einzelnen Waren oder ein Teil der einzelnen Waren zu ihrem Wert verkauft werden.

Wir haben früher gesehn, wie die Ware, um für die Zirkulation zurecht gemacht zu werden, eine doppelte Existenzweise erhalten muss. Sie muss dem Käufer nicht nur als ein Artikel von bestimmten nützlichen Eigenschaften, als ein bestimmter *Gebrauchswert*, der bestimmte Bedürfnisse, sei es der individuellen, sei es der produktiven Konsumtion befriedigt, gegenübertreten. Ihr Tauschwert muss eine von ihrem Gebrauchswert verschiedene und distinkte, selbständige, obgleich ideelle *Form* erhalten haben. Sie muss als die Einheit von Gebrauchswert und Tauschwert, aber darin zugleich als das Gedoppelte *erscheinen*. Ihr Tauschwert erhält diese selbständige, von ihrem Gebrauchswert durchaus unabhängige Form, als blosses Dasein der materialisierten gesellschaftlichen Arbeitszeit, in ihrem *Preise*, diesem Ausdruck, worin der Tauschwert als Tauschwert, d. h. als *Geld* ausgedrückt ist, und zwar ist er so ausgedrückt im *Rechengeld*.

Es gibt nun in der Tat einzelne Waren, wie z. B. Eisenbahnen, grosse Baulichkeiten usw., die einerseits so kontinuierlicher Natur, andrerseits solchen Umfangs sind, dass das ganze Produkt des vorgeschossenen Kapitals als eine *einzelne* Ware erscheint. Hier gälte also das Gesetz, das sich bei der Betrachtung der einzelnen Ware gezeigt hat, dass ihr *Preis* nichts als ihr in Geld ausgedrückter Wert ist. Der

Gesamtwert des Kapitals + Mehrwert wäre in der einzelnen Ware enthalten und im Rechengeld auszudrücken. Die Preisbestimmung einer solchen Ware würde sich von der früher gegebenen der einzelnen Ware nicht weiter unterscheiden, weil das *Gesamtprodukt* des Kapitals hier wirklich als *einzelne* Ware vorhanden wäre. Es ist also unnötig weiter hierbei zu verweilen.

Die Mehrzahl der Waren jedoch sind diskreter Natur (und selbst die kontinuierlichen können meist ideell als diskrete Grössen behandelt werden), d. h. sie sind, als Massen eines gewissen Artikels betrachtet, teilbar nach ihnen als besonderen Gebrauchswerten gewohnheitsge-
446 mäss zukommenden *Maassen*, || z. B. *a* Quarter Weizen, *b* Zentner Kaffee, *c* Ellen Leinwand, *x* Dutzend Messer, wo die einzelne Ware selbst als Masseinheit gilt usw.

Nun haben wir uns zunächst nach dem *Gesamtprodukt* des Kapitals umzusehn, welches stets als eine *einzelne* Ware, von welchem Umfang immer und ob diskret oder kontinuierlich, betrachtet werden kann als ein einziger Gebrauchswert, dessen Tauschwert daher auch im *Gesamtpreis* als Ausdruck des Gesamtwerts dieses Gesamtprodukts erscheint.

Es hat sich bei Betrachtung des *Verwertungsprozesses* gezeigt, dass ein Teil des vorgeschossenen konstanten Kapitals, wie Baulichkeiten, Maschinerie usw., nur bestimmte Wertquoten, die es als Arbeitsmittel im Arbeitsprozess verliert, an das Produkt abgibt, dass es nie in der Form seines eignen Gebrauchswerts in das Produkt materialiter eingeht, dass es während längerer Periode fortfährt in dem Arbeitsprozess der Produktion der Ware zu dienen, und dass der Wertteil, den es während einer bestimmten Zeitperiode an das während dieser Periode hervorgebrachte Produkt abgibt, geschätzt wird nach dem Verhältnis dieser bestimmten Periode zur Gesamtperiode, während deren es sich als Arbeitsmittel abnutzt, damit seinen Gesamtwert verliert und damit seinen Gesamtwert auf das Produkt übertragen hat, so dass, wenn es z. B. während 10 Jahren dient, nach einer Durchschnittsrechnung, es an das Produkt eines Jahres $^1/_{10}$ seines Werts abgegeben, $^1/_{10}$ seines Werts dem Jahresprodukt des Kapitals zugesetzt hat. Soweit dieser Teil des konstanten Kapitals, nach Abstossung einer gewissen Produktenmasse, fortfährt als Arbeitsmittel zu dienen, und nach der obenerwähnten Durchschnittsschätzung fortwährend einen bestimmten Wert zu repräsentieren, geht es nicht in die Wertbildung der abgestossenen Produktenmasse ein. Sein Gesamtwert ist überhaupt nur bestimmend für den

Wert der abgestossenen Produktenmasse, der Produktenmasse, zu deren Produktion es bereits gedient hat, soweit der während einer bestimmten Zeitperiode von ihm abgegebene Wert als aliquoter Teil seines Gesamtwerts abgeschätzt ist, bestimmt ist durch das Verhältnis der Zeitperiode, worin es gedient hat und einen Teil seines Werts abgibt, zur Gesamtzeitperiode, während deren es dient und seinen Gesamtwert an das Produkt abgibt. Im Uebrigen kommt sein noch fortexistierender Wert für die Wertschätzung der bereits abgestossenen Warenmasse nicht in Betracht. Er kann also mit Bezug auf dieselbe gleich Null gesetzt werden. Oder was auf dasselbe herauskommt, für den vorliegenden Zweck kann die Sache der Vereinfachung halber so betrachtet werden, als ob das *gesamte Kapital,* auch der Teil seines konstanten Teils, der erst in längeren Produktionsperioden ganz in ihr Produkt eingeht, ganz in dem von uns zu betrachtenden Produkt des Gesamtkapitals enthalten, aufgegangen wäre.

Nehmen wir also an, das Gesamtprodukt sei = 1200 Ellen Leinwand. Das vorgeschossene Kapital sei = 100 £, wovon 80 £ konstantes Kapital, 20 £ variables Kapital darstellen und die Rate des Mehrwerts sei = 100%, so dass der Arbeiter die Hälfte des Arbeitstags für sich, die andere Hälfte gratis für den Kapitalisten arbeitet. In diesem Fall ist der produzierte Mehrwert = 20 £ und der Gesamtwert der 1200 Ellen = 120 £, wovon 80 £ vom konstanten Kapital zugesetzter Wert, 40 £ neu zugesetzte Arbeit darstellen, wovon die Hälfte den Ar-
447 beitslohn ersetzt, die andre Hälfte Surplusarbeit darstellt || oder Mehrwert bildet.

Da mit Ausnahme der neu zugesetzten Arbeit die Elemente der kapitalistischen Produktion selbst schon als Ware, also mit bestimmten Preisen in den Produktionsprozess eingehn, so ist der Wert, den das konstante Kapital zusetzt, schon als *Preis* gegeben, z. B. im obigen Fall 80 £ für Flachs, Maschinerie etc. Was aber die neuzugesetzte Arbeit betrifft, wenn der durch die notwendigen Lebensmittel bestimmte Arbeitslohn = 20 £, und die Mehrarbeit so gross wie die bezahlte Arbeit, muss sie sich darstellen in einem Preis von 40 £, da der Wert, worin sich die zugesetzte Arbeit darstellt, von ihrem Quantum abhängt, keineswegs aber von den Verhältnissen, worin sie bezahlt wird. Der Gesamtpreis der vom Kapital von 100 £ produzierten 1200 Ellen also = = 120 £.

Wie nun den Wert der einzelnen Ware, hier der Elle Leinwand bestimmen? Offenbar indem wir den *Gesamtpreis* des Gesamtprodukts dividieren durch die Anzahl des nach gegebenen Maassen in aliquote

Teile geteilten, eingeteilten **Produkts**, den *Gesamtpreis* des Produkts dividieren durch die *Anzahl der Maasse*, worin der *Gebrauchswert* sein Mass enthielt, also z. B. im vorliegenden Fall $\frac{120\,\pounds}{1\,200\ \text{Ellen}}$; dies gibt für die einzelne Elle Leinwand einen Preis von 2 sh. Wird die Elle, die als Mass der Leinwand dient, nun ferner als Masstab entwickelt, durch Einteilung derselben in weitre aliquote Teile, so können wir ferner den Preis der halben Elle usw., ebenso bestimmen. Der Preis der einzelnen Ware ist so bestimmt, indem ihr Gebrauchswert als aliquoter Teil des Gesamtprodukts und ihr Preis als entsprechender aliquoter Teil des vom Kapital hervorgebrachten Gesamtwerts berechnet ist.

Man hat gesehn, dass entsprechend verschiedenen Graden in der *Produktivität* oder *Produktivkraft der Arbeit* dieselbe Arbeitszeit sich in einem sehr verschiedenen Quantum Produkte, oder gleich grosser Tauschwert in ganz verschiedenen Quantis von Gebrauchswerten darstellt. Nimm an, im vorliegenden Fall vervierfache sich die Produktivität der Leinwebarbeit. Das konstante Kapital, Flachs, Maschinerie etc., das von der in 40 £ dargestellten Arbeit bewegt wurde, war = = 80 £. Vervierfachte sich die Produktivität der Webarbeit, so wird sie das vierfache davon in Bewegung setzen, also für 320 £ Flachs etc. Und die Ellenzahl würde sich vervierfachen, von 1200 auf 4800 Ellen wachsen. Die neu zugesetzte Webarbeit aber wird sich nach wie vor in 40 £ darstellen, da ihr Quantum unverändert geblieben wäre. Der Gesamtpreis der 4800 Ellen also jetzt = 360 £ und der Preis der einzelnen Elle $= \frac{360\,\pounds}{4800\ \text{Ellen}} = 1$ Elle $1\frac{1}{2}$ sh. Der Preis der einzelnen Elle wäre gesunken von 2 sh. oder 24 d. auf $1^1/_2$ sh. oder 18 d., um $^1/_4$, weil das in der Elle enthaltene konstante Kapital $^1/_4$ weniger zusätzliche lebendige Arbeit bei seiner Umwandlung in Leinwand eingesaugt hätte, oder dasselbe Quantum Webarbeit sich auf ein grösseres Quantum Produkt verteilte. Für den vorliegenden Zweck ist es jedoch noch besser ein Beispiel zu nehmen, wo das vorgeschossene Gesamtkapital *dasselbe* bleibt, aber die Produktivkraft der Arbeit infolge blosser Naturbedingungen, z. B. Gunst oder Ungunst der Jahreszeit, [sich] in sehr
448 verschiedenen Quantis desselben || Gebrauchswerts, z. B. Weizen darstellt. Gesetzt das Arbeitsquantum spent upon an acre of land, z. B. in the production of wheat, stelle sich dar in £ 7, wovon 4 £ neu zugesetzte Arbeit, 3 £ in konstantem Kapital bereits vergegenständlichte Arbeit darstellen. Von den 4 £ sei 2 £ Arbeitslohn und 2 £ Mehrarbeit, nach

dem vorausgesetzten Verhältnis der $\frac{\text{Surplusarbeit}}{\text{Mehrarbeit}} = \frac{100}{100}$. Aber die crop soll vary mit Variation der Jahreszeit.

	Gesamtzahl der Qrs.		*one qr.*		*Wert oder Preis des Gesamtprodukts*
«When he has	5	— he can sell	28 sh.	————	7 l.
	$4^1/_2$	about	31	————	ditto
	4	————	35	————	„
	$3^1/_2$	————	40	————	„
	3	————	46 sh. 8 d.	————	„
	$2^1/_2$	————	56	————	„
	2	————	70	————	„ »[6]

Der *Wert* oder *Preis* des Gesamtprodukts des für 1 Acre vorgeschossenen Kapitals von 5 £ bleibt hier immer derselbe = 7 £, da die vorgeschossene Summe vergegenständlichter und neu zugesetzter lebendiger Arbeit konstant bleibt. Diese selbe Arbeit stellt sich aber in sehr verschiedenen Quantis von Quarters dar, und das einzelne Quarter, derselbe aliquote Teil des Gesamtprodukts, hat daher sehr verschiedene Preise. Diese Variation in den Preisen der mit demselben Kapital produzierten einzelnen Waren ändert aber durchaus nichts an der Rate des Mehrwerts, an dem Verhältnis des Mehrwerts zum variablen Kapital, oder an dem Verhältnis, worin sich der gesamte Arbeitstag in bezahlte und unbezahlte Arbeit teilt. Der Gesamtwert, worin sich die neu zugesetzte Arbeit darstellt, bleibt derselbe, weil nach wie vor dasselbe Quantum lebendiger Arbeit dem konstanten * Kapital zugesetzt ist und das Verhältnis des Mehrwerts zum Arbeitslohn, oder des bezahlten zum unbezahlten Teil der Arbeit bleibt dasselbe, ob die Elle, bei wachsender Produktivität der Arbeit, 2 oder $1^1/_2$ sh. kostet. Was sich in Bezug auf die einzelne Elle verändert hat, ist das Gesamtquantum Webarbeit, das ihr zugesetzt ist, aber das Verhältnis, worin sich dies Gesamtquantum in bezahlte und unbezahlte Arbeit teilt, bleibt dasselbe für jeden aliquoten Teil dieses Gesamtquantums, der in der einzelnen Elle enthalten ist, ob grösser oder kleiner. Ebenso, unter der *gegebenen* Voraussetzung, würde das Steigen des Preises

[6] p. 107 «*An Inquiry into the Connections etc.*». *By a Farmer. Lond. 1773.*
* [Bei Marx offensichtlicher Schreibfehler:] variablen [*D. Red.*]

des Quarters im zweiten Fall mit der abnehmenden Produktivität der Arbeit, der Umstand, dass die neu zugesetzte Arbeit sich auf weniger Quarters verteilt, ein grösseres Quantum neu zugesetzter Arbeit daher
449 auf das einzelne Quarter fällt, || durchaus keinen Unterschied machen an dem Verhältnis, worin sich dieses grössere oder kleinere Quantum Arbeit, das das einzelne Quarter absorbiert, in bezahlte und unbezahlte Arbeit verteilt, keinen Unterschied, weder an dem Gesamtmehrwert, den das Kapital produziert hat, noch an dem aliquoten Teil Mehrwert, der im Wert des einzelnen Quarters, relativ zu dem ihm überhaupt neu zugesetzten Wert, enthalten ist. Ist unter den gegebenen Voraussetzungen einem bestimmten Quantum Arbeitsmittel mehr lebendige Arbeit zugesetzt, so ist ihm im selben Verhältnis mehr bezahlte und unbezahlte Arbeit, wenn weniger, im selben Verhältnis weniger bezahlte und weniger unbezahlte Arbeit zugesetzt, aber das *Verhältnis* zwischen diesen beiden Bestandteilen der neu zugesetzten Arbeit bleibt *unverändert*.

Von einzelnen störenden Einflüssen abgesehn, deren Betrachtung für den vorliegenden Zweck gleichgültig, ist es die Tendenz und das Resultat der kapitalistischen Produktionsweise, die Produktivität der Arbeit fortwährend zu steigern, daher die Masse der mit derselben zusätzlichen Arbeit in Produkte verwandelten Produktionsmittel fortwährend zu vermehren, die neu zugesetze Arbeit fortwährend sozusagen über eine grössere Produktenmasse zu verteilen und daher den *Preis* der einzelnen Ware zu senken oder die Warenpreise überhaupt zu *verwohlfeilern*. Aber diese Verwohlfeilerung der Warenpreise involviert an und für sich durchaus keinen Wechsel weder in der *Masse* des von demselben variablen Kapital produzierten Mehrwerts, noch in der in der einzelnen Ware enthaltenen proportionellen Teilung der neu zugesetzten Arbeit in bezahlte und unbezahlte, oder der in der einzelnen Ware realisierten Rate des Mehrwerts. Wenn ein bestimmtes Quantum Flachs, Spindel etc. zu ihrer Verwandlung in eine Elle Leinwand weniger Webarbeit absorbiert, so ändert dies durchaus nichts an dem Verhältnis, worin sich diese grössere oder geringere Webarbeit in bezahlte und unbezahlte teilt. Das *absolute Quantum* der einem bestimmten Quantum bereits vergegenständlichter Arbeit neu zugesetzten lebendigen Arbeit ändert nichts an dem *Verhältnis*, worin sich dies für die einzelne Ware variierende grössere oder kleinere Quantum in bezahlte und unbezahlte Arbeit teilt. Trotz der aus einer Variation in der Produktivkraft der Arbeit entspringenden Variation in den Warenpreisen, resp. einer Senkung dieser Warenpreise und Verwohlfeilerung der Ware, kann also das Verhältnis bezahlter und unbezahlter Arbeit, überhaupt die vom Kapital realisierte Rate des Mehrwerts *konstant* bleiben. Würde keine Variation in der Produktivkraft der den Arbeitsmitteln neu zugesetzten Arbeit eintreten, sondern in der Produktivikraft der Arbeit, die die Arbeitsmittel schafft, deren Preis daher steigen oder fallen würde, so ist es ebenfalls klar, dass die so bewirkte Varation in den *Warenpreisen* die konstante Teilung der in denselben enthaltenen zusätzlichen lebendigen Arbeit in bezahlte und unbezahlte nicht alterieren würde.

Umgekehrt. Wenn *Variation in den Warenpreisen* eine konstante Rate des Mehrwerts, eine konstante Teilung der zusätzlichen Arbeit in bezahlte und unbezahlte nicht ausschliesst, so schliesst *Konstanz* der *Warenpreise* eine Variation in der Rate des Mehrwerts, einen Wechsel in der proportionellen Teilung der neu zugesetzten Arbeit in bezahlte und unbezahlte nicht aus. Wir wollen zur Vereinfachung der Sache annehmen, dass in dem Arbeitszweig, wovon die Rede, keine *Variation in der Produktivkraft aller in ihr enthaltenen Arbeit,* also z.B. im obigen Fall keine Variation in der Produktivität der Webarbeit eintrete oder der Arbeit eintrete, die Flachs, Spindeln usw. liefere. Nach der obigen Annahme werden 80 £ in konstantem Kapital, 20 £ in variablem ausgelegt. Diese 20 £ sollen 20 Tage (Wochentage z. B.) von 20 Webern darstellen. Nach der Voraussetzung produzierten sie 40 £, arbeiteten also halben Tag für sich, halben Tag für den Kapitalisten. Aber ferner ||
450 gesetzt der Arbeitstag sei = 10 Stunden gewesen und werde nun auf 12 verlängert, so dass die Surplusarbeit um 2 Stunden per Mann vermehrt würde. Der Gesamtarbeitstag wäre um $^1/_5$ gewachsen, von 10 Stunden auf 12. Da 10 : 12 = 16 $^2/_3$: 20, wären 16 $^2/_3$ Weber jetzt nur noch nötig, um dasselbe konstante Kapital von 80 £ in Bewegung zu setzen, daher 1200 Ellen Leinwand zu produzieren. (Denn 20 Mann, die 10 Stunden arbeiten, arbeiten 200, und 16$^2/_3$, die 12 Stunden arbeiten, arbeiten auch 200). Oder lassen wir nach wie vor die 20 Arbeiter, so werden sie jetzt statt 200 Stunden — 240 Stunden Arbeit zusetzen. Und da der Wert von 200 Stunden täglich per Woche sich in 40 £, würde der von 240 Stunden täglich per Woche sich in 48 £ ausdrücken. Da aber die Produktivkraft der Arbeit etc. dasselbe geblieben und da auf 40 £ 80 £ konstantes Kapital käme, würden auf 48 £ 96 £ konstantes Kapital kommen. Das vorgelegte Kapital betrüge also 116 £ und der von hm produziert e Warenwert = 148 £. Da aber 120 £ = 1200 Ellen, sind 128 £ = 1 280 Ellen. Die Elle würde also kosten: $\frac{128 £}{1\,280} = \frac{1}{10}$ £ = = 2 sh. Der Preis der einzelnen Elle wäre unverändert, weil sie nach

wie vor dasselbe Gesamtquantum in den Arbeitsmitteln vergegenständlichter und neu zugesetzter Webarbeit gekostet hätte. Aber der in jeder Elle enthaltene Mehrwert wäre gewachsen. Früher kam auf 1200 Ellen 20 £ Mehrwert, also auf 1 Elle $\frac{20£}{1\,200} = \frac{2}{120} = \frac{1}{60}$ £ $= \frac{1}{3}$ sh. = 4 d. Jetzt kommt auf 1280 Ellen 28 £, [auf 1 Elle]* $5^1/_3$ d., da $5^1/_3$ d. × 1280 = = 28 £, welches die wirkliche Summe des in den 1280 Ellen enthaltenen Mehrwerts. Ebenso sind die zusätzlichen 8 £ Mehrwert = 80 Ellen (à 2 sh. per Elle) und in der Tat ist die Ellenzahl gewachsen von 1200 auf 1280 Ellen.

Der *Warenpreis* bleibt hier derselbe; die Produktivkraft der Arbeit bleibt dieselbe. Das in Arbeitslohn ausgelegte Kapital bleibt dasselbe. Nichts desto weniger steigt die Summe des Mehrwerts von 20 auf 28 oder um 8, welches das $2^1/_2$ oder $^5/_2$ von 20 ist; da 8 × $^5/_2$ = $= \frac{40}{2} = 20$, also um 40%. Dies ist die Prozentzahl, worum der Gesamtmehrwert gewachsen ist. Was aber die *Rate des Mehrwerts* anbetrifft, so war sie ursprünglich 100% und ist jetzt 140%.

Diese Sauzahlen können später berichtigt werden. Einstweilen
451 genügt es, dass bei *konstanten Warenpreisen* || der Mehrwert wächst, weil dasselbe variable Kapital *mehr* Arbeit in Bewegung setzt, und daher nicht nur *mehr* Waren von demselben *Preis* produziert, sondern mehr Waren, worin *mehr* unbezahlte Arbeit enthalten ist.

Die richtige Rechnung ist gezeigt in folgender Gegeneinanderstellung, wozu noch folgendes vorherzuschicken:

Wenn 20 *v* ursprünglich = 20 zehnstündigen Tagen (die man als Wochentage mit 6 multiplizieren kann, ändert an der Sache nichts) und der Arbeitstag = 10 Stunden, so diese Gesamtarbeit = 200 Stunden.

Wird der Tag von 10 auf 12 Stunden verlängert (und die Mehrarbeit von 5 auf 7), so die Gesamtarbeit der 20 = 240 Stunden.

Stellt sich 200 Stunden Arbeit in 40 £ dar, so 240 in 48 £.

Setzen 200 Stunden konstantes Kapital von 80 £ in Bewegung, so 240 eins von 96 £.

Produzieren 200 Stunden 1200 Ellen, so 240 Stunden dagegen 1440 Ellen.

---

* [Im Manuskript:] 28 £; jetzt $5^1/_4$ d., [*D. Red.*]

Und nun die folgende Gegenüberstellung:

	c	v	m	Wert des Gesamt, produkts	Rate des Mehrwerts	Summe des Mehrwerts	Ellen	Preis der Elle	Quantum Webarbeit in der Elle	Surplusarbeit	Rate der Surplusarbeit
I	80 £	20 £	20 £	120 £	100%	20	1 200	2 sh.	8 d.	4 d.	4 : 4 = 100%
II	96 £	20 £	28 £	144 £	140%	28	1 440	2 sh.	8 d.	$4^2/_3$ d.	$4^1/_3\ 3^2/_3$:= 140%

7 : 5 = die Stundenzahl von 5 auf 7 gestiegen.

Infolge der Erhöhung des *absoluten Mehrwerts*, id est durch die Verlängerung des Arbeitstags, hat sich das Verhältnis im Gesamtquantum der angewandten Arbeit von 5 : 5 auf 7 : 5, von 100 auf 140% gesteigert und dieses Verhältnis zeigt sich ditto in der *einzelnen* Elle. Die Gesamtmasse des Mehrwerts aber ist bestimmt durch die *Anzahl* der Arbeiter, die zu dieser gesteigerten Rate angewandt. Wären diese infolge des verlängerten Arbeitstags vermindert — nur dasselbe Quantum Arbeit wie vorher, also wegen des verlängerten Arbeitstags verminderte Anzahl von Arbeitern angewandt worden, so wäre die Steigerung der Rate des Mehrwerts *dieselbe* geblieben, aber nicht die seiner absoluten Summe.

Nehmen wir nun umgekehrt an, dass der *Arbeitstag derselbe* bliebe = 10 Stunden, dass aber infolge einer *Vermehrung in der Produktivität der Arbeit*, weder im konstanten Kapital, das die Webarbeit anwendet, noch in der Webarbeit selbst, sondern in anderen Industriezweigen, deren Produkte in den Arbeitslohn eingehn, die notwendige Arbeit von 5 auf 4 Stunden reduziert würde, so dass die Arbeiter jetzt 6 Stunden statt 5 für den Kapitalisten und 4 statt 5 für sich arbei-
452 ten. || Das Verhältnis der Surplusarbeit zur notwendigen war 5 : 5 = $= \frac{100}{100}$, 100%, es ist jetzt 6 : 4 = 150 : 100 = 150%.

Nach wie vor 20 Mann zu 10 Stunden verwandt = 200 Stunden; setzen nach wie vor dasselbe konstante Kapital von 80 £ in Bewegung. Der Wert des Gesamtprodukts nach wie vor 120 £, die Ellenzahl = 1200, der Preis der Elle = 2 sh. Da sich überhaupt nichts in den Produktionspreisen verändert hat. Das Gesamtprodukt (Wert nach) von 1 war = 2 £, und von 20 = 40. Wenn aber 5 Stunden per Tag die Woche = 20, so 4 = 16, womit er jetzt dieselbe Masse Lebensmittel wie früher kauft. D[as] in Zahlung der 20, die nur noch 4 Stunden notwendiger Arbeit verrichten = 16 £ statt früher 20. Das variable Kapital von 20 auf 16 gefallen, setzt aber nach wie vor dasselbe Quantum absoluter Arbeit in Bewegung. Aber dies Quantum vereteilt sich anders. Früher war $^1/_2$ bezahlt, $^1/_2$ unbezahlt. Jetzt ist von 10 Stunden 4 bezahlt und 6 nicht bezahlt, also $^2/_5$ bezahlt und $^3/_5$ nicht bezahlt; oder statt des Verhältnisses von 5 : 5, das von 6 : 4, so statt einer Rate des Surpluswerts von 100% eine von 150. Um 50% gestiegen die Rate des Mehrwerts. Auf die Elle käme $3^1/_5$ d. bezahlte und $4^4/_5$ d. unbezahlte Webarbeit; dies ist $\frac{24}{5} : \frac{16}{5}$ oder 24 : 16, wie oben. Wir hätten daher:

	c	v	m	Wert des Gesamtprodukts	Rate des Mehrwerts	Summe des Mehrwerts	Ellen	Preis der Elle	Quantum Webarbeit	Surplusarbeit	Rate der Surplusarbeit
III	80	16	24	120 £	150%	24	1 200	2 sh.	8 d.	$4^4/_5$ d.	$4^4/_5 : 3^1/_5 =$ $= 24 : 16 = 150\%$

Man bemerkt hier, dass die Summe des Mehrwerts nur 24 statt 28 wie in II. Wenn aber in III dasselbe variable Kapital von 20 ausgelegt, so wäre das *Gesamtquantum* der angewandten Arbeit gestiegen, da es dasselbe bleibt, wenn ein variables Kapital von 16 ausgelegt. Es wäre also, da 20 um $^1/_4$ mehr als 16, um $^1/_4$ gestiegen. *Das Gesamtquantum der angewandten Arbeit wäre gestiegen, nicht nur das Verhältnis der Surplusarbeit zur bezahlten.* Da 16 bei dieser neuen Rate liefert 40 £, so 20 liefert 50, wovon *30* Mehrwert. Wenn 40 £ = 200 Stunden, wären 50 = 250 Stunden. Und wenn 200 in Bewegung setzten 80 *c*, so 250 Stunden 100 *c*. Wenn endlich 200 Stunden 1200 Ellen produzieren, so 250 Stunden 1500 Ellen. Die Rechnung wäre also die:

	c	v	m	Gesamtwert	Rate des Mehrwerts	Summe des Mehrwerts	Ellen	Preis der Elle	Quantum Webarbeit	Surplusarbeit	RATE
IIIa	100	20	30	150	150%	30	1 500	2 sh.	8 d.	$4^4/_5$ d.	150%

Es ist dies überhaupt zu merken, dass wenn infolge des Sinkens des Arbeitslohnes (Folge hier der vermehrten Produktivkraft) *weniger variables Kapital* nötig ist, um dasselbe Quantum Arbeit anzuwenden, also *dasselbe Quantum Arbeit mit grösserem* Vorteil für das Kapital anzuwenden, indem der bezahlte Teil desselben Quantums fällt gegen den unbezahlten, dagegen, wenn der Kapitalist fortfährt *dieselbe* Masse *variables Kapital* auszulegen, er doppelt gewinnt, weil er nicht nur auf dasselbe Gesamtquantum eine *erhöhte Rate des Mehrwerts*, sondern dann zu *dieser erhöhten Rate des Mehrwerts* ein *grössres Quantum Arbeit* ausbeutet, although his variable capital has not increased in magnitude.

453 || Es hat sich also gezeigt:

1) bei *wechselnden Warenpreisen* kann die Rate und Masse des Mehrwerts *konstant bleiben; und*

2) bei *konstanten Warenpreisen* kann die Rate und Masse des Mehrwerts *variieren*.

Die Warenpreise überhaupt, wie dies entwickelt bei Betrachtung der Produktion des Mehrwerts, influenzieren ihn nur, soweit sie in die Reproduktionskosten des Arbeitsvermögens eingehn und daher seinen eignen Wert affizieren; eine Affektion, die in kürzeren Perioden durch entgegenstehende Einflüsse paralysiert sein kann.

Aus 1) folgt, dass das aus der Entwicklung der Produktivkraft der Arbeit entspringende Sinken der Warenpreise, Verwohlfeilerung der Waren — abgesehn von dem Teil der Waren, die durch ihre Verwohlfeilerung das Arbeitsvermögen selbst verwohlfeilern (wie ihre Verteuerung es umgekehrt verteuert) — zwar einschliesst, dass weniger Arbeit in den einzelnen Waren materialisiert ist oder dieselbe Arbeit sich in einer grösseren Warenmasse darstellt, weswegen ein geringerer aliquoter Teil derselben auf die einzelne Ware fällt, schliesst aber an und für sich nicht ein, dass die *proportionelle Teilung* der in jeder einzelnen Ware enthaltenen Arbeit zwischen *bezahlter* und *unbezahlter* wechselt. Die entwickelten zwei Gesetze gelten allgemein für alle Waren, also auch für die, die nicht in die Reproduktion des Arbeitsvermögens direkt oder indirekt eingehn, deren Verwohlfeilerung oder Verteuerung also gleichgültig für die Bestimmung des *Werts* des Arbeitsvermögens selbst.

Aus 2) folgt — (sieh ad III und IIIa) — dass obgleich die *Warenpreise* dieselben bleiben, und die Produktivkraft der lebendigen Arbeit dieselbe bleibt, die unmittelbar in dem Produktionszweig angewandt wird, deren Resultat diese Ware — *Rate und Masse des Mehrwerts* steigen können. (Es hätte ebenso entwickelt werden können das *Umgekehrte,* dass sie sinken können, wenn entweder der Gesamtarbeitstag verkürzt oder durch Verteuerung andrer Waren die *notwendige Arbeitszeit* bei gleichbleibendem Arbeitstag wächst.) Es ist dies der Fall, weil ein *variables Kapital von gegebener Grösse* sehr *ungleiche* Quanta *Arbeit von gegebener Produktivkraft* anwenden kann (und die Warenpreise bleiben dieselben, solange die Produktivkraft der Arbeit sich nicht ändert) oder *variables Kapital von variierender Grösse gleiche* Quanta Arbeit von gegebener Produktivkraft anwendet. Kurz, ein variables Kapital von bestimmter Wertgrösse setzt keineswegs stets dieselben Quanta lebendiger Arbeit in Bewegung und, soweit es daher als blosses Symbol für die Quanta Arbeit betrachtet wird, die es in Bewegung setzt, ist [es] ein Symbol von *variabler Grösse.*

Diese letzte Bemerkung — (ad 2) und das Gesetz 2)) zeigt, wie die Ware als *Produkt des Kapitals,* als *aliquoter Bestandteil des Kapitals,* als Träger des Kapitals, das sich verwertet hat und daher einen aliquoten Teil des vom Kapital geschaffenen Mehrwerts in sich enthält, anders betrachtet werden muss, als wir früher beim Beginn unserer Entwicklung der einzelnen selbständigen Ware betrachtet haben.

(Wenn wir von Warenpreisen sprechen, so hier immer unterstellt, dass der *Gesamtpreis* der vom Kapital produzierten Warenmasse = dem *Gesamtwert* dieser Masse und daher der *Preis* des aliquoten Teils der einzelnen Ware = dem aliquoten Teil jenes Gesamtwerts. *Preis* hier überhaupt nur der Geldausdruck von *Wert.* Von den Werten verschiedene Preise kommen überhaupt bisher in unserer Entwicklung noch nicht vor).

[454] || *Die einzelne Ware* — als Produkt des Kapitals, in der Tat als Elementarteil des reproduzierten und verwerteten Kapitals — zeigt ihren Unterschied von der einzelnen Ware, von der wir als Voraustetzung der Kapitalbildung ausgingen, von der *selbständig* betrachtesen Ware, auch darin, — ausser dem bisher betrachteten, die Preisbestimmung betreffenden Punkte —, dass wenn die Ware zu ihrem Preis verkauft wird, der *Wert* des zu ihrer Produktion vorgeschossenen Kapitals, und noch minder der, in [dem] von diesem Kapital geschaffenen *Mehrwert* realisiert ist. Ja als blosser Träger des Kapitals, nicht nur materiell, als Teils des Gebrauchswerts, woraus das Kapital besteht, sondern als Träger des *Werts,* woraus das Kapital besteht — können Waren zu dem ihrem Wert entsprechenden Preis verkauft werden und dennoch *unter* ihrem Wert als *Produkt des Kapitals* verkauft sein und

als *Bestandteile des Gesamtprodukts, worin nun das sich verwertet habende Kapital zunächst existiert.*

In unserem obigen Beispiel reproduzierte sich ein Kapital von 100 £ in 1200 Ellen Leinwand, vom Preis von 120 £. Nach früher gegebener Auseinandersetzung können wir, da wir hatten $\overset{c}{80}, \overset{v}{20} |\overset{m}{20}|$ die Sache so darstellen, dass die 80 £ konstantes Kapital dargestellt sind in 800 Ellen oder $^2/_3$ des Gesamtprodukts; 20 £ variables Kapital oder Arbeitslohn in 200 Ellen oder $^1/_6$ des Gesamtprodukts und 20 £ Mehrwert ditto in 200 Ellen oder einem zweiten $^1/_6$ des Gesamtprodukts. Werden nun nicht 1 Elle, sondern z. B. 800 verkauft zu ihrem Preise = 80 £ und wären die zwei anderen Teile unverkaufbar, so wäre selbst von dem ursprünglichen Kapitalwert 100 nur $^4/_5$ reproduziert. Als Träger des Gesamtkapitals, d. h. als einziges *aktuelles Produkt* des Gesamtkapitals von 100, wären die 800 Ellen *unter ihrem Wert* verkauft, und zwar $^1/_3$ unter ihrem Wert, da der Wert des Gesamtprodukts = 120 und 80 nur = $^2/_3$ des Gesamtprodukts, das fehlende Wertquantum 40 aber gleich dem andern Dritteil dieses Produkts. Diese 800 Ellen könnten auch, für sich betrachtet, *über* ihrem Wert verkauft werden und wären doch als Träger des Gesamtkapitals *zu* ihrem Wert verkauft, z. B. wenn sie selbst zu 90, die übrigen 400 Ellen aber zu nur 30 £ verkauft würden. Wir wollen aber vom Verkauf einzelner Portionen der Warenmasse *über* oder *unter* ihrem Wert ganz absehn, da nach der Voraussetzung die Waren überhaupt *zu* ihrem Wert verkauft werden.

455 ||Es handelt sich hier nicht nur darum, wie bei der selbständigen Ware, dass sie zu ihrem Wert, sondern dass sie als Träger des zu ihrer Produktion vorgeschossenen Kapitals und daher als *aliquoter Teil des Gesamtprodukts des Kapitals* zu ihrem Werte (Preise) verkauft wird. Werden von diesem Gesamtprodukt, 1200 Ellen = 120 £, nur 800 verkauft, so stellen diese 800 nicht $^2/_3$ aliquote Teile des Gesamtwerts, sondern den ganzen Gesamtwert vor, und repräsentieren also einen Wert von 120 und nicht von 80 und die einzelne Ware nicht $= \frac{80}{800} = \frac{8}{80} = \frac{4}{40} = \frac{2}{20}$ £ = 2 sh., sondern $\frac{120}{800} = \frac{12}{80} = \frac{3}{20} = 3$ sh. Danach wäre die einzelne Ware um 50% zu teuer verkauft, würde sie zu 3 sh. statt zu zwei verkauft. Als aliquoter Teil des produzierten Gesamtwerts muss die einzelne Ware zu ihrem Preis verkauft werden

und daher als *aliquoter Teil* des verkauften Gesamtprodukts. Sie muss verkauft werden nicht als selbständige Ware, sondern z. B. $^1/_{1200}$ des Gesamtprodukts, daher als Ergänzung zu den übrigen $^{1199}/_{1200}$. Es kommt darauf an, dass die einzelne Ware zu ihrem Preis $\times$ mit der *Anzahl*, welche den Nenner ihrer als aliquoten Teils bildet, verkauft wird.

(Es ergibt sich hier schon von selbst, dass da mit der *Entwicklung der kapitalistischen Produktion* und der ihr entsprechenden Verwohlfeilerung der Ware *ihre Masse* wächst, die *Anzahl* Waren, die verkauft werden müssen, *wächst*, also beständige *Ausdehnung des Markts* nötig ist, ein Bedürfnis für die kapitalistische Produktionsweise. Doch gehört this point better to the subsequent book). (Es ergibt sich daraus auch, warum, wenn der Kapitalist z. B. 1 200 Ellen zu 2 sh., er 1 300 nicht zu diesem Preise liefern könnte. Weil die zusätzlichen 100 vielleicht Vorkehrungen im konstanten Kapital etc. erheischen würden, die für eine Zusätzliche Produktion von 1 200 Ellen, aber nicht für die von 100 jenen Preis abwerfen würden usw.).

Man sieht hieraus, wie die Ware, als *Produkt des Kapitals* sich unterscheidet von der *einzelnen Ware, selbständig behandelt*, und wird sich dieser Unterschied mehr und mehr zeigen und mehr und mehr auch die Reale Preisbestimmung der Ware usw. affizieren, je weiter wir den kapitalistischen Produktions- und Zirkulationsprozess verfolgt haben werden.

Der Punkt, worauf ich hier aber noch speziell aufmerksam machen will, der:

Man hat in Ch. II, 3, dieses Ersten Buchs gesehn, wie die verschiedenen Wertteile des Produkts des Kapitals — Wert des konstanten Kapitals, Wert des variablen Kapitals und Mehrwert — einerseits in ihren *proportionellen Teilen* sich in jeder einzelnen Ware als aliquotem Teil des produzierten *Gesamtgebrauchswerts* und als aliquotem Teil des *produzierten Gesamtwerts* dargestellt sind, sich wiederholen; wie andrerseits das Gesamtprodukt in gewisse Portionen, Quotitäten des produzierten Gebrauchswerts, Artikels geteilt werden kann, wovon ein Teil nur den Wert des konstanten Kapitals, der andre nur den des variablen, der dritte endlich nur den des Mehrwerts darstellt. Diese beiden Darstellungen, obgleich wie früher gezeigt, der Sache nach identisch, *widersprechen* sich in ihrer Ausdrucksweise. Denn in der letztren Auffassung erscheinen die einzelnen Waren, die z. [B.] zu *lot* 1 gehören, das bloss den Wert des konstanten Kapitals reproduziert, so als ob sie nur vor dem Produktionsprozesse vergegenständlichte

Arbeit darstellten. Also z. B. die 800 Ellen = 80 £ = dem Wert des vorgeschossenen konstanten Kapitals nur den Wert des konsumierten Baum[woll]garns, Oels, Kohlen, Maschinerie etc., aber keinen Wertpartikel der neu zugesetzten Webarbeit darstellen, während doch andrerseits als *Gebrauchswert betrachtet*, jede Elle Leinwand ausser dem in ihr enthaltenen Flachs etc. ein bestimmtes Quantum Webarbeit enthält, das ihr eben die Form der Leinwand gegeben hat, und in ihrem *Preise* von *2 sh.*, 16 d. als Reproduktion des in ihr aufgezehrten konstanten Kapitals, 4 d. für Arbeitslohn, 4 d. in ihr materialisierte unbezahlte Arbeit enthält. Dieser scheinbare Widerspruch — dessen Mangel an Lösung, wie man später sehn wird, zu fundamentalen blunders in der Analyse Anlass gegeben — ist at first view, für den, der nur den *Preis* der einzelnen Ware im Auge hält, ganz so *verwirrend*, wie etwa der kurz vorher aufgestellte Satz, dass die einzelne Ware oder ein bestimmtes Quotum des Gesamtprodukts *zu* seinem Preis *unter* seinem Preis; *über* seinem Preis *zu* seinem Preis und sogar *über* seinem Preis *unter* seinem Preis verkauft werden kann. Ein Beispiel dieser Konfusion *Proudhon* (verte).*

(Der Preis der Elle im obigen Beispiel bestimmt, nicht isoliert, sondern als aliquoter Teil des Gesamtprodukts.)

456 || (Das vorher über die *Preisbestimmung Entwickelte* habe ich früher so dargestellt (es sind vielleicht einzelne Ausdrücke daraus der vorhergehenden Darstellung einzuschieben [)]:

Ursprünglich fassten wir *die einzelne Ware selbständig*, als Resultat und direktes Produkt eines bestimmten Quantums Arbeit. Jetzt, wo sie *Resultat*, *Produkt des Kapitals*, ändert sich die Sache *formell* (später *wirklich* in den Produktionspreisen) dahin: Die produzierte Masse von Gebrauchswerten stellt ein *Quantum Arbeit* dar = dem *Wert des im Produkt enthaltenen und aufgezehrten konstanten Kapitals* (des von ihm auf das Produkt *übertragenen Quantums materialisierter Arbeit*) + des gegen das variable Kapital eingetauschten *Arbeitsquantums*, wovon ein Teil den Wert des variablen Kapitals ersetzt und der andre *Mehrwert* bildet. Ist die im Kapital enthaltene Arbeitszeit in Geld ausgedrückt = 100 £ ,wovon 40 £. variables Kapital ist und Rate des Mehrwerts = 50%, so drückt sich die Gesamtmasse der im Produkt enthaltenen Arbeit aus in *120 £*. Bevor die Ware zirkulieren kann, muss ihr *Tauschwert* vorher in *Preis* verwandelt werden. Ist das Gesamtprodukt daher nicht ein einziges kontinuierliches

* [Diese Angabe bezieht sich auf Seite 457 des Manuskripts, S. 222 ff. dieses Bandes. *D. Red.*]

Ding, so dass sich das ganze Kapital in einer *einzelnen* Ware reproduziert, wie z. B. ein Haus — so muss das Kapital den *Preis* der einzelnen Ware berechnen, d. h. den Tauschwert der einzelnen Ware in Rechengeld darstellen. Je nach der verschiedenen Produktivität der Arbeit wird sich nun der *Gesamtwert* von 120 £ auf mehr oder weniger Produkte *verteilen*, der *Preis* der einzelnen Ware also im *umgekehrten Verhältnis* zur Gesamtanzahl der Waren, einen grösseren oder kleineren aliquoten Teil der 120 £ per Stück darstellen. Ist das Gesamtprodukt z. B. = 60 Tonnen Kohlen, so 60 Tonnen = 120 £ = 2 sh. per Tonne $= \frac{120}{60}$ £; ist das Produkt = 75 Tonnen, so die Tonne $= \frac{120}{75} = 1$ £ 12 sh., wenn = 240 Tonnen, so $= \frac{120}{240} = \frac{12}{24} = \frac{1}{2}$ £ usw. Der *Preis* der einzelnen Ware also $= \frac{\text{dem Gesamtpreis des Produkts}}{\text{Gesamtanzahl der Produkte}}$, der Gesamtpreis dividiert durch die Gesamtanzahl der Produkte, die nach verschiedenen Maassen, je nach dem Gebrauchswert des Produkts gemessen wird.

Ist so der Preis der einzelnen Ware = dem Gesamtpreis der vom Kapital 100 produzierten Warenmasse (Tonnenzahl) *dividiert* durch die Gesamtzahl der Waren (hier der Tonnen), so ist andrerseits der *Gesamtpreis* des Gesamtprodukts = dem Preis der einzelnen Ware *multipliziert* mit der *Gesamtanzahl* der produzierten Waren. Ist mit der Produktivität die Masse der Waren * gestiegen, so die Anzahl, während der Preis der einzelnen Ware gefallen ist. Umgekehrt wenn die Produktivität abgenommen hat, wo der eine Faktor, der Preis steigt, und der andre Faktor, die Anzahl abnimmt. Solange *das ausgelegte Quantum* Arbeit *dasselbe*, stellt es sich im selben *Gesamtpreis* von 120 £ dar, wie viel davon immer auf die einzelne Ware falle mit ihrer im Verhältnis zur Produktivität der Arbeit variierenden Masse.

Ist der Preisteil, der auf das einzelne Produkt fällt — der aliquote Teil des Gesamtwerts — kleiner wegen der grössren Anzahl Produkte, d.h. wegen der grössren Produktivität der Arbeit, so ist auch der Mehrwertteil, der auf es fällt, kleiner, der aliquote Teil des Gesamtpreises, worin sich der Mehrwert von 20 £ ausdrückt, und der an ihm hängt. Dadurch wird aber das *Verhältnis* des Preisteils der einzelnen Ware, der Mehrwert ausdrückt, zu dem Preisteil der Ware, der Arbeitslohn oder bezahlte Arbeit darstellt, nicht alteriert.

* [Im Manuskript steht:] Produktivität der Waren die **Masse** [*D. Red.*]

Allerdings hat sich nun bei Betrachtung des kapitalistischen Produktionsprosses [gezeigt], dass — abgesehn von der Verlängerung des Arbeitstages — mit der Verwohlfeilerung der Waren, die den Wert des Arbeitsvermögens bestimmen, in den notwendigen Konsum des Arbeiters eingehn, die Tendenz vorhanden ist, das Arbeitsvermögen selbst zu verwohlfeilern, und daher gleichzeitig den *bezahlten* Teil der Arbeit zu verkürzen und den *unbezahlten* zu verlängern bei gleichbleibender Grösse des Arbeitstags.

Während also in der früheren Voraussetzung der Preis der einzelnen Ware in demselben Verhältnis, worin sie aliquoten Teil des Gesamtwerts bildet, in demselben Verhältnis, worin sie am Gesamtpreis partizipiert, auch an dem *Mehrwert* partizipiert, wird jetzt trotz des sinkenden Preises des Produkts der Teil dieses Preises, der Mehrwert darstellt, steigen. Dies aber nur der Fall, weil im *Gesamtpreis* des Produkts, infolge der vergrösserten Produktivität der Arbeit, der Mehrwert einen grösseren propotionellen Platz einnimmt. Derselbe Grund — die gewachsene Produktivität der Arbeit (das *Umgekehrte* wäre der Fall bei abnehmender Produktivität), die dasselbe Quantum Arbeit, denselben Wert von 120 £ sich in grössrer Produktenmasse darstellen lässt, daher den *Preis* der einzelnen Ware senkt, vermindert den *Wert des Arbeitsvermögens.* Obgleich daher der *Preis der einzelnen Ware sinkt,* obgleich das Gesamtquantum der in ihr enthaltenen Arbeit, daher ihr Wert, abnimmt, nimmt der proportionelle Bestandteil dieses Preises, der aus Mehrwert besteht, zu, oder in dem geringeren Gesamtquantum Arbeit, das in der einzelnen Ware, z. B. der einzelnen Tonne, steckt, steckt ein grösseres *Quantum unbezahlter Arbeit* als früher, wo die Arbeit unproduktiver, die Masse des Produkts kleiner, der Preis der einzelnen Ware höher war. In dem *Gesamtpreis* 120 £ steckt nun mehr unbezahlte Arbeit und daher in jedem aliquoten Teil dieser 120 £ [)].

457 || Es sind ähnliche *puzzles,* die Proudhon verwirren, indem er nur auf Preis der einzelnen, selbständigen Ware sieht und nicht die Ware als *Produkt des Gesamtkapitals,* daher das Verhältnis betrachtet, worin sich das Gesamtprodukt mit seinen respektiven Preisen begrifflich teilt.

«Il est impossible que *l'intérêt du capital* (dies ist nur ein besonders benannter Teil des Mehrwerts) s'ajoutant dans le commerce *au salaire de l'ouvrier* pour *composer le prix de la marchandise,* l'ouvrier puisse racheter ce qu'il a lui-même produit. Vivre en travaillant est un principe qui, sous le régime de l'intérêt, implique contradiction». (105. *Gratuité du Crédit. Discussion entre M. Fr. Bastiat et M. Proudhon. Paris 1850.*)

Es ist ganz richtig: Um die Sache klar zu machen, nehmen wir an, der Arbeiter, «l'ouvrier», um den es sich handelt, sei die ganze Arbeiterklasse. Das Wochengeld, das sie erhält, und womit sie nun Lebensmittel zu kaufen hat etc., wird ausgelegt in einer Masse von Waren, deren *Preis*, jede einzelne und alle zusammen betrachtet, ausser einem Teil = Arbeitslohn, einen Teil = *Mehrwert* enthält, wovon der von Proudhon erwähnte Zins nur einen, und vielleicht relativ nur kleinen proportionellen Teil bildet. Wie ist es nun möglich, dass die Arbeiterklasse mit ihrer Wocheneinnahme, die nur = Salair, eine Warenmasse kaufen soll, die = Salair + Mehrwert? Da der Wochenlohn, für die ganze Klasse betrachtet, nur = der wöchentlichen Summe der Lebensmittel, folgt sonnenklar, dass der Arbeiter mit der erhaltenen Geldsumme die notwendigen Lebensmittel *nicht* kaufen kann. Denn die Geldsumme, die er erhalten = Wochenlohn, dem ihm bezahlten Wochenpreis seiner Arbeit, während der Preis der wöchentlich notwendigen Lebensmittel = dem Wochenpreis der in ihnen enthaltenen Arbeit + dem Preis, worin sich die unbezahlte Mehrarbeit darstellt. Ergo: «il est impossible que... l'ouvrier puisse racheter ce qu'il a lui-même produit. *Vivre en travaillant*» impliziert unter diesen Voraussetzungen daher «*contradiction*». Proudhon hat ganz Recht, soweit als der *Schein* geht. Wenn er aber statt die Ware selbständig zu betrachten, sie als Produkt des Kapitals betrachtet, so wird er finden, dass das Wochenprodukt sich in einen Teil zerlegt, dessen Preis = dem Arbeitslohn, = dem während der Woche ausgelegten variablen Kapital keinen *Surpluswert* etc. enthält, ein andrer Teil, dessen Peis nur = dem Surpluswert usw.; obgleich der Peis der Ware alle jene Elemente einschliesst etc., es ist aber grade nur jener erstre Teil, den der Arbeiter rückkauft (wobei für den vorliegenden Zweck gleichgültig, dass er bei diesem Rückkauf beschissen werden kann und wird von Epicier etc.).

So verhält es sich im Durchschnitt mit den Proudhonschen scheinbar tiefen und unentwirrbaren ökonomischen Paradoxen. Sie bestehn darin, dass er die Verwirrung, welche die ökonomischen Erscheinungen in seinem Kopf erzeugt, als das Gesetz der Erscheinung ausspricht.

(In der Tat ist sein Satz noch schlechter, weil er die Voraussetzung impliziert, dass der wahre Preis der Ware = dem in ihr enthaltenen Salair, = dem in ihr enthaltenen Quantum *bezahlter* Arbeit und der *Mehrwert*, Zins etc. nur ein *Aufschlag*, willkürlicher, über diesen wahren Preis der Ware ist.)

Aber noch schlechter ist seine Kritik durch die Vulgärökonomie. Z. B. Herr *Forcade* (hier [1] die Stelle zu zitieren), macht ihm nicht nur bemerklich, dass sein Satz auf der einen Seite zu viel beweise, indem nach demselben die Arbeiterklasse überhaupt nicht leben könne, sondern dass er auf der andren Seite im Aussprechen des Paradoxen nicht weit genug gehe, indem ja der Preis der Waren, die der Arbeiter kauft, ausser dem Salair + Zins etc. auch noch Rohmaterial usw. (kurz die Preiselemente des konstanten Kapitals) einschliesse. Ganz richtig, Forcade. But what next? Er zeigt, dass das Problem in der Tat noch schwieriger ist, als Proudhon es hinstellt — und dies ist ein Grund für ihn, selbst nicht bis zu dem Umfang, worin P[roudhon] es aufgestellt, es *nicht* zu lösen, sondern mit einer (sieh Nr. [1]) nichtssagenden Phrase drüber wegzuschlüpfen.

458 ||In der Tat ist dies das Gute an Proudhons Manier, dass, indem er mit sophistischer Selbstgefälligkeit die Verwirrung der ökonomischen Phänomene offen ausspricht im Gegensatz zu den Vulgärökonomen, die sie zu vertuschen suchen, aber unfähig sind sie zu begreifen, ihre theoretische Jämmerlichkeit ans Licht gezogen wird. So bezeichnet Herr W. Thucydides *Roscher* Proudhons «*Qu'est-ce que* [*la*] *Propriété?*» als «verwirrt und verwirrend». In dem «verwirrend» ist das Gefühl der Ohnmacht der Vulgärökonomie gegenüber dieser Verwirrung ausgesprochen. Sie ist unfähig, die Widersprüche der kapitalistischen Produktion selbst in der verwirrten, oberflächlichen und sophistischen Form, worin Proudhon sie fasst und ihr an den Kopf wirft, zu lösen. Es bleibt ihr nichts übrig als von der ihr theoretisch unüberwindlichen Sophisterei zu appellieren an den «gemeinen» Menschenverstand und sich darauf zu berufen, dass ja doch die Dinge ihren Gang gehn. Ein schöner Trost für angebliche «Theoretiker».

(Nb. Dieser ganze Passus über Proudhon kömmt wohl besser in C. III, Buch II oder noch später.)

Jetzt ist zugleich die in Ch. I dargestellte Schwierigkeit gelöst. Werden die *Waren*, die das Produkt des Kapitals bilden, zu den durch ihren Wert bestimmten Preisen verkauft, verkauft also die gesamte Kapitalistenklasse die Waren *zu ihrem Wert*, so realisiert jeder einen Mehrwert, d. h. er verkauft einen Wertteil der Ware, der ihm nichts gekostet, den er nicht gezahlt hat. Der Gewinn, den sie wechselseitig machen, wird so nicht durch gegenseitige Uebervorteilung

[1] *Forcade*

erreicht — diese kann nur darauf sich beziehn, dass der eine dem andren ein Stück des ihm zukommenden Mehrwerts abschnappt, — nicht dadurch, dass sie sich ihre Waren über ihrem Wert, sondern dass sie sich dieselben zu *ihrem Wert* verkaufen. Diese Voraussetzung, dass die Waren zu ihren Werten entsprechenden Preisen verkauft werden, bildet die Grundlage auch der im folgenden Buch enthaltenen Untersuchungen.

Das nächste Resultat des unmittelbaren kapitalistischen Produktionsprozesses, sein Produkt, sind *Waren*, in derem Preis nicht nur der Wert des vorgeschossenen, während ihrer Produktion konsumierten Kapitals ersetzt, sondern zugleich die während derselben Produktion konsumierte Surplusarbeit als *Surpluswert* materialisiert, vergegenständlicht ist. Als *Ware* muss das Produkt des Kapitals in den Austauschprozess der Waren, und damit nicht nur in den wirklichen Stoffwechsel eingehn, sondern zugleich jene Formverwandlungen durchmachen, die wir als Metamorphose der Waren dargestellt haben. Soweit es sich nur um die formellen Wandlungen — die Verwandlung dieser Waren in Geld und ihre Rückverwandlung in Waren handelt — ist der Prozess bereits in dem, was wir «einfache Zirkulation» nannten — die Zirkulation der Waren als solcher — dargestellt. Aber diese Waren sind jetzt zugleich Träger des Kapitals; sie sind das verwertete, mit Mehrwert geschwängerte Kapital selbst. Und in dieser Beziehung schliesst ihre Zirkulation, die jetzt zugleich Reproduktionsprozess des Kapitals, weitere Bestimmungen ein, die der abstrakten Betrachtung der Warenzirkulation fremd waren. Wir haben die Zirkulation der Waren daher jetzt zu betrachten als den *Zirkulationsprozess des Kapitals.* Dies geschieht im nächsten Buch *.

---

* [Hier endet das eigentliche Thema des VI. Kapitels (in der Marxschen Numerierung des Manuskripts die Seiten 441 — 495 mit den Eienschiebseln S. 469a (96) bis 469 m (107) und 263 bis 264 (wovon der Aufaug, die Seite 262, fehlt); siehe in diesem Band die Seiten 4 — 228. Was nun folgt, sind einzelne Seiten, die offenbar um- und in die schon vorliegende Fassung hineinverarbeitet werden sollten. Wie bringen sie in der zufälligen Aufeinanderfolge, die ensteht, wenn man der Marxschen, grosse Lücken aufweisenden Numerierung derselben folgt. *D. Red.*]

[EINZELNE SEITEN]

24 ||<eine temporäre Verfügung über> sein Arbeitsvermögen. Sobald seine Arbeit wirklich beginnt, hat sie bereits aufgehört ihm zu gehören, kann also nicht mehr von ihm *verkauft* werden.

Die eingentümliche Natur dieser spezifischen Ware, des Arbeitsvermögens, bringt es mit sich, dass mit der Abschliessung des Kontrakts zwischen Käufer und Verkäufer die verkaufte Ware erst wirklich als Gebrauchswert in die Hände des Käufers * übergegangen ist. Der Tauschwert dieser Ware, gleich dem jeder andren Ware, ist bestimmt, bevor sie in Zirkulation tritt, weil sie als Vermögen, als Kraft verkauft wird und eine bestimmte Arbeitszeit erheischt war, um dieses Vermögen, diese Kraft zu produzieren. Der Tauschwert dieser Ware existiert daher vor ihrem Verkauf, aber ihr Gebrauchswert besteht erst in der nachträglichen Kraftäusserung. Die Veräusserung der Kraft und ihre wirkliche Aeusserung, d. h. ihr Dasein als Gebrauchswert fallen daher der Zeit nach aus einander. Es verhält sich wie mit einem Hause, dessen Gebrauch mir für einen Monat verkauft ist. Der Gebrauchswert ist mir hier erst geliefert, nachdem ich das Haus einen Monat bewohnt habe. So ist mir der Gebrauchswert des Arbeitsvermögens erst geliefert, nachdem ich es verbraucht habe, in der Tat für mich habe arbeiten lassen. Bei solchen Gebrauchswerten aber, wo die formelle Entäusserung der Ware durch den Verkauf und das wirkliche Ueberlassen ihres Gebrauchswerts an den Käufer der Zeit nach aus einander fallen, wirkt, wie wir früher gesehn, das Geld des Käufers erst als *Zahlungsmittel*. Das Arbeitsvermögen wird für den Tag, die Woche usw. *verkauft*, aber es wird erst *bezahlt*, nachdem es während eines Tags, einer Woche usw. konsumiert worden ist. In allen Ländern von entwickeltem Kapitalverhältnis wird das Arbeitsvermögen erst *bezahlt*, nachdem es funktioniert hat. Ueberall *schiesst* daher der Arbeiter dem Kapitalisten den Gebrauch seiner Ware *vor*, lässt sie vom Käufer konsumieren, *kreditiert* sie, bevor er ihren Tauschwert bezahlt erhält. In Zeiten von Krisen und selbst bei einzelnen Bankerotten zeigt sich, dass dies beständige Kreditieren der Arbeiter an die Kapitalisten, das aus der besondren Natur des verkauften Gebrauchswerts enspringt, kein leerer Wahn ist. [52]

---

* [Im Manuskript steht:] Verkäufers [*D. Red.*]

[52] «L'ouvrier *prête* son industrie». *Storch. Cours d'Economie Politique.* Petersburger Ausgabe. 1815. t. II. p. 36, aber, setzt *Storch* schlau hinzu, er «*riskiert nichts*» ausser *de perdre... son salaire...* l'ouvrier ne transmet *rien de maté-*

Indes ändert es an der Natur des Warenaustausches selbst nichts, ob Geld als Kaufmittel oder als Zahlungsmittel funktioniert. Der Preis des Arbeitsvermögens wird im Kauf kontraktlich festgesetzt, obgleich er erst später realisiert wird. Diese Form der Zahlung ändert ebenso wenig daran, dass diese Preisbestimmung sich auf den *Wert des Arbeitsvermögens* bezieht und weder auf den *Wert des Produkts*, noch auf den *Wert der Arbeit*, die als solche überhaupt nicht Ware ist.

Der *Tauschwert* des Arbeitsvermögens, wie sich gezeigt, wird gezahlt, wenn der Preis der Lebensmittel gezahlt wird, die in einem gegebenen Gesellschaftszustand gewohnheitsmässig notwendig sind, damit der Arbeiter sein Arbeitsvermögen mit dem notwendigen Grad von Kraft, Gesundheit, Lebensfähigkeit überhaupt ausübe und sich durch Ersatzmänner verewige [53].

---

riel». (37. l. c.). «All labour is paid after it has ceased». (104. *An Inquiry into those Principles, respecting the Nature of Demand* etc. *London, 1821*). Andre praktische Konsequenzen, die aus dieser, übrigens in der Natur des Verhältnisses begründeten Zahlungsweise hervorgehn, gehören nicht in den Bereich unsrer Untersuchung. Jedoch mag ein Beispiel am Platz sein. In London existieren zweierlei Sorten von Bäcker, die «full priced», die das Brot zu seinem *vollen Preise* verkaufen, und die «*undersellers*», die es *unter* diesem Preis verkaufen. Letztre Klasse bildet über ³/₄ der gesamten Bäcker. (p.XXXII. Report des Regierungskomissairs *H. S. Tremenhere* über die «*Grievances complained of by the Journeymen Bakers* etc». *London, 1862*). Diese «undersellers» verfälschen grossenteils das Brot durch Beimischung von Alaun, Seife, Perlasche, Kalk, Derbyshire Steinmehl usw. (Siehe das obenzitierte Blue Book, ebenso den Bericht des «*Committee of 1855 on the Adulteration of Bread*» und *C. Hassall's*: «*Adulterations Detected. 2-nd edition. London 1861*). *Sir John Gordon* erklärte vor dem Committee von 1855, dass infolge dieser Fälschungen «the poor men who lived on 2 lbs. of bread a day did not take in one fourth of that amount of nutrition», abgesehn von den «injurious effects on health». Aber ein Grund warum «ein sehr grosser Teil der arbeitenden Klasse», obgleich die Fälschung ihnen bekannt, das Alaun, Steinmehl usw. mit in den Kauf nimmt, führt Tremenhere (l. c. p. XLVIII) an, dass es für sie «a matter of necessity is to take, from their baker, or from the chendler's shop whatever bread may be offered to them», weil sie, die den Arbeitslohn erst Ende der Woche erhalten, «only pay for the week's supply to the family at the week's end» und, fügt Tremenhere, mit Anführung der Zeugenaussagen hinzu, «it is notorious that *bread composed of those mixtures, is made expressly for sale in this manner*».

[53] *Petty* bestimmt den *Wert* des täglichen Arbeitslohns als Wert des «daily food», das für den Arbeiter hinreicht «so as to live, labour, and generate». (69. *Political Anatomy of Ireland*. (1672) edition, *London, 1691*. Zitiere nach *Dureau de la Malle*).

«The price of labour is always constituted of the price of necessaries». Der Arbeiter erhält nicht den entsprechenden Lohn, «whenever the price of necessaries is such, that the labouring man's wages will not, *suitably* to his low rank and station, as a labouring man, support *such a family* as is often the lot of many of

Wenn der Mensch sich vor allen andren Tieren durch Schrankenlosigkeit und Dehnbarkeit seiner Bedürfnisse auszeichnet, gibt es andrerseits kein Tier, das seine Bedürfnisse in demselben unglaublichen Grad kontrahieren und sich auf dasselbe Minimum seiner Lebensbedingungen beschränken kann, mit einem Wort, kein Tier, welches dasselbe Talent zum *Verirländern* besitzt. Von einem solchen *physischen Minimum* der Existenz ist nicht || die Rede, wenn es sich vom *Wert* des Arbeitsvermögens handelt. Wie bei jeder Ware kann beim Arbeitsvermögen sein Preis *über* seinen Wert steigen oder *unter* ihn fallen, also nach einer oder der andren Richtung von dem Preise abweichen, der nur der Geldausdruck des Wertes selbst ist. Das Niveau der Lebensbedürfnisse selbst, deren Gesamtwert den Wert des Arbeitsvermögens bildet, kann steigen oder sinken. Die Analyse dieser Schwankungen gehört jedoch nicht hierher, sondern in die Lehre vom Arbeitslohn. Es wird sich im Fortgang dieser Untersuchung zeigen,

---

them to have». (p. 19. *Jacob Vanderlint: Money answers all Things. London, 1734.*)

«Le simple ouvrier, qui n'a que ses bras et son industrie, n'a *rien* qu'autant qu'il parvient à vendre à d'autres sa peine... En tout genre de travail *il doit arriver* et *il arrive en effet*, que le salaire de l'ouvrier se borne à ce qui lui est nécessaire pour lui procurer sa subsistance». (*Turgot: «Réflexions sur la Formation et la Distribution des Richesses». (1766). Oeuvres, T. I,* p. 10, *édition Daire. Paris, 1844*).

« The price of the necessaries of life is, in fact, the cost of producing labour». 48, Note. *Malthus. Inquiry into etc. Rent. London, 1815*). «Aus einer vergleichenden Uebersicht über Kornpreise und Arbeitslöhne seit der Regierung Edward's III, seit 500 Jahren also, folgt, dass die tägliche Einnahme des Arbeiters in diesem Land häufiger unter als über einem Peck Weizen (= 1/4 Bushel) stand; dass ein Peck Weizen eine Art Mittelpunkt, eher etwas über dem Mittelpunkt, bildet, um den die Arbeitslöhne, im Korn ausgedrückt, je nach Nachfrage oder Zufuhr oszilliert haben». (*Malthus. Principles of Political Economy. 2-nd edition. London, 1836.* p. 254.)

«The natural price of any article, is that... bestowed upon its production... Its (labour's) natural price... consists in such a quantity of the necessaries and comforts of life, as, from the nature of the climate and the habits of the country, are necessary to support the labourer, and to enable him to rear such a family as may preserve, *in the market*, an undiminished supply of labour... The natural price of labour... though it varies under different climates, and with the different stages of national improvement, may, in any given time and place be regarded as very nearly stationary». (*R. Torrens: An Essay on the External Corn Trade. London. 1815.* p. 55 — 65 *passim*).

dass es für die Analyse des Kapitals ganz gleichgültig ist, ob man das Niveau der Arbeiterbedürfnisse hoch oder niedrig voraussetzt. Wie in der Theorie, wird übrigens auch in der Praxis vom *Wert* des Arbeitsvermögens als einer *gegebnen Grösse* ausgegangen. Ein Geldbesitzer z. B., der sein Geld in Kapital, z. B. in das Betriebskapital einer Baumwollfabrik, verwandeln will, erkundigt sich vor allem nach der durchschnittlichen Höhe des Arbeitslohns an dem Ort, wo er die Fabrik zu errichten beabsichtigt. Er weiss, dass wie die Baumwollpreise, so der Arbeitslohn beständig von dem Durchschnitt abweicht, aber er weiss zugleich, dass diese Schwankungen sich ausgleichen. In seinen Rechnungsanschlag geht der Arbeitslohn daher als eine *gegebne Wertgrösse* ein. Andrerseits bildet der *Wert des Arbeitsvermögens* die bewusste und ausgesprochene Grundlage der *Trades' Unions*, deren Wichtigkeit für die englische Arbeiterklasse kaum überschätzt werden kann. Die *Trades' Unions* bezwecken nichts andres als das *Sinken des Niveaus* des Arbeitslohns unter seine traditionell in verschiedenen Geschäftszweigen gegebene Höhe zu verhindern, das Herunterdrücken des *Preises* des Arbeitsvermögens unter seinen *Wert*. Sie wissen natürlich, dass ein Wechsel im Verhältnis der Nachfrage und Zufuhr* einen Wechsel im Marktpreis hervorbringt. Einerseits aber ist das Eintreten eines solchen Wechsels sehr verschieden von der einseitigen Behauptung des Käufers, in diesem Falle des Kapitalisten, dass solcher Wechsel eingetreten ist. Andrerseits existiert «ein grosser Unterschied zwischen der durch Nachfrage und Zufuhr bestimmten Höhe des Arbeitslohns, d. h. der Höhe, welche die ehrliche (fair) Operation des Warenaustauschs ergibt, *wenn Käufer und Verkäufer auf gleichem Fusse verhandeln*, und der Höhe des Arbeitslohns, die der Verkäufer, der Arbeiter, sich gefallen lassen muss, wenn der Kapitalist mit jedem Mann *einzeln* verhandelt und eine Herabdrückung durch Exploitation der zufälligen Not Einzelner Arbeiter (die unbahängig von dem allgemeinen Verhältnis von Nachfrage und Zufuhr) diktiert. Die Arbeiter *kombinieren*, um sich *in dem Kontrakt über den Verkauf ihrer Arbeit* einigermassen auf den Fuss der *Gleichheit* mit dem Kapitalisten zu setzen. Dies ist das *Rationale* (der logische Grund) der *Trades' Unions*» [54]. Was sie bezwecken ist, «dass die zufällige unmittelbare Bedürftigkeit eines Arbeiters ihn nicht zwinge, sich mit geringerem Arbeitslohn zu begnügen, als Nachfrage und Zufuhr *vorher*, in dem bestimmten Arbeitszweig festgesetzt hat» [55]

---

[54] *J. T. Dunning* (Secretary to the London consolidated society of boockbinders). *Trades, Unions and Strikes: their philosophy and intention. London. 1860*. p. 6, 7.

[55] l. c., p.7.

* [Im Manuskript steht:] Zufrage [*D. Red.*]

und so den *Wert* des Arbeitsvermögens in einer bestimmten Späre überhaupt unter sein gewohnheitsmässiges Niveau herabzudrücken. Dieser *Wert* des Arbeitsvermögens wird «von den Arbeitern selbst als das *Minimum des Lohns*, von dem Kapitalisten als *uniformer, gleichmässiger Arbeitslohn* für alle Arbeiter in einem Geschäft betrachtet» [56]. Die Unions erlauben daher ihren Mitgliedern nie *unter* diesem Minimum des Lohns zu arbeiten [57]. Sie sind von den Arbeitern selbst gestiftete Assekuranzgesellschaften hierzu. Ein Beispiel mag den Zweck dieser zur Protektion des *Werts* des Arbeitsvermögens gebildeten Kombinationen unter den Arbeitern erklären. In allen Geschäften in London gibt es sogenannte «*Sweaters*» (Ausschweisser). «Ein *Sweater* ist jemand, der es übernimmt, eine gewisse Quantität Werk zum gewohnheitsmässigen Arbeitslohn einem ersten Unternehmer zu liefern, es jedoch durch andre zu einem niedrigeren Preise verrichten lässt; diese Differenz, die seinen Profit bildet, ist aus den Arbeitern, die wirklich das Werk verrichten, *ausgeschweisst*» [58] und stellt nichts vor als den Unterschied zwischen dem *Wert* des Arbeitsvermögens, der vom ersten Unternehmer *gezahlt* wird und dem *unter*

---

[56] l. c., p. 17.

[57] Es versteht sich, dass die Kapitalisten diesen «*uniform rate of labour*» als Eingriff in die persönliche Freiheit des Arbeiters denunzieren, als ein Hindernis, das den Kapitalisten hindere, dem Zug seines Herzens zu folgen und das besondre Talent usw. besonders zu belohnen. Herr *Dunne* *, dessen eben zitierte Schrift nicht nur die Sache trifft, sondern mit glücklicher Ironie behandelt, antwortet, dass die Trades' Unions dem Kapitalisten erlauben «to pay for superior skill, or working ability, as much more as he pleases», ihn aber verhindern, 99/100 der Lohnmasse, d. h. den Lohn des «common run of men», der Durchschnittsarbeiter in jedem Geschäft, unter das «*Minimum des Salairs*», d. h. den gewohnheitsmässigen Wert des durchschnittlichen Arbeitsvermögens herabzudrücken. Dass die Verbindungen der Arbeiter gegen den Despotismus des Kapitals von einem Edinburgh Reviewer (1860. Ueber die Combinations of Trade) als eine Sklaverei denunziert werden, der sich diese freeborn Britons in unbegreiflicher Verblendung freiwillig unterwerfen, ist in der Ordnung. Im Krieg wünscht man, dass die feindliche Armee sich nicht dem Despotismus der Disziplin unterwerfe. Aber der moralisch indignierte *Reviewer* entdeckt noch Schlimmeres. Die Trades' Unions sind ein Sacrilegium, denn sie verletzen die Gesetze des *Free Trade*! Quelle horreur! Herr Dunne * antwortet u. a.: «It would not be *a free exchange of blows*, if one of the parties were to have one arm disabled or tied down, while the other had the free use of [both... the employer wishes to deal with his men singly, so that he whenever he pleases, may give the «sweaters» price for their labour; their right arm as bargainers being tied down by their necessities in its sale. This he calls *free trade*, but the freedom is all on his own side. Call it *trade*, if you will, it is not free *exchange*». (47, l. c.)

---

[58] l. c., p. 6.

* [Soll heissen:] Dunning [*D. Red.*]

dem Wert des Arbeitsvermögens stehenden Preis, den der *Ausschweisser* den wirklichen Arbeitern zahlt [59]. Es ist nun, nebenbei bemerkt, eine höchst charakteristische *...

259 || Die Form des *Stücklohns* wird z. B. in den englischen Potteries benutzt, um junge apprentices (mit dem 13. Jahr) bei schwachem Stücklohn zu engagieren, so dass sie sich «zum grossen Nutzen ihrer Meister» grade in ihrer Entwicklungsperiode überarbeiten. Es wird dies offiziell als einer der Gründe der Degeneration der Bevölkerung in den Töpfereifabriken angegeben [41].

Die Steigerung des Gesamtarbeitslohns (z. B. des wöchentlichen) in den Arbeitszweigen, worin task work frisch eingeführt wird — Steigerung sage infolge der erhöhten Intensivität der Arbeit, sobald sie eine gewisse Höhe erreicht hat, wird für die masters selbst ein Grund zur Verkürzung des Arbeitslohns, weil sie ihn für höher halten als

---

[59] «Es hat sich eine philanthropische Assoziation in London gebildet, die bezweckt, Kaufkontrakte für Militärbekleidung zu denselben Preisen zu schliessen, welche die Regierung gegenwärtig den contractors zahlt und dennoch den verhungernden Näherinnen einen Aufschlag von 30% auf ihre gegenwärtigen Löhne zu zahlen. Dies Resultat wird nämlich erreicht durch die Beseitigung des «middleman», dessen Profite dem Menschenmaterial zu gut kommen sollen, aus dem er sie bisher herausgeschnitten hat. Mit allen Vorteilen, die die Gesellschaft gewähren kann, kann eine Näherin nicht mehr verdienen als 1 shilling für 10 Stunden ununterbrochener Arbeit an Militärhemden, nämlich für zwei Hemden den Tag und bei Kleidungsstücken nicht mehr als 1 sh. 6 d. den Tag, für zwölfstündige Arbeit. Bei den jetzigen Kontraktverhältnissen schwanken ihre Löhne von 5 bis 8 d. für zehnstündige Arbeit, wobei sie noch das Garn usw. stellen müssen». (*Times, 13. März 1860*).

* [Hier bricht der Text der Seite 25 ab. *D. Red.*]

[41] «There are, in the employ of the manufacturer, many youths who are taken as apprentices at the early age of 13 and 14 as flar-pressers and hollow-ware pressers. For the first two years they are paid weekly wages of 2 s. to 3 s. 6 d. per week. After that they begin to work on the *piece-work system*, earning journeymens' wages. «The practice», as Longe says, «of employing a great number of apprentices and taking them at the age of 13 and 14 is very common in a certain class of manufactories, a practice which is not only very prejudicial to the interests of the trade, but is probably another great cause to which *the bad constitutions of the potters is to be attributed.* This system, *so advantageous to the employer,* who requires quantity rather than quality of goods, tends directly to encourage the young potter *greatly to overwork himself* during the 4 or 5 years during which he is employed on the piece work system, but at low wages». The consequences of overwork in the hot stoves at that early age may readily be anticipated». (XIII. *Childrens' Employment Commission. First Report. London 1863*).

dem Arbeiter gut ist. Task-work als ein Mittel zur Erniedrigung des Arbeitslohns so direkt denunziert[42].

Es muss an und für sich klar sein, dass die Art *wie* der Arbeitslohn ausgezahlt wird, an und für sich nichts an seiner Natur verändert, obgleich die Art der Zahlung — die übrigens der manchmal technischen Natur der Arbeit nach nur eine oder die andre Weise zulässt — mehr als die andre die Entwicklung des kapitalistischen Produktionsprozesses begünstigen mag.

Es ist klar, dass die *individuellen* Verschiedenheiten des Arbeitslohns, die mit dem Stücklohn freieres Spiel haben als mit dem Zeitlohn, nur Abweichungen von dem Niveau des Arbeistlohns sind. Aber der Stücklohn, wenn nicht durch andre Umstände paralysiert, hat eine Tendenz, dies Niveau selbst herabzudrücken *.

Arbeitslohn als der *Gesamtpreis* der täglichen Durchschnittsarbeit, widerspricht dem Begriff des Werts. Jeder *Preis* muss reduzierbar sein auf einen *Wert*, da der Preis an und für sich nur der Geldausdruck des Werts ist und der Umstand, dass aktuelle Preise über oder unter dem ihrem Wert entsprechenden Preis stehn, ändert nichts daran, dass sie ein, wenn im vorausgesetzten Fall auch *quantitativ* zu grosser oder zu kleiner — quantitativ inkongruenter Ausdruck des Werts der Ware sind. Aber hier beim *Preis der Arbeit* wäre *qualitative* Inkongruenz.

Note 16. *Zu p. 244.* «When corn forms a part of the subsistance of the labourer, an increase in its natural price, necessarily occasions an increase in the natural price of labour; or, in other words, when it requires a greater quantity of labour to procure subsistance, a greater quantity of labour, or of its produce, must remain with the labourer, as his wages. But, as a greater quantity of his labour, or (what is the same thing) of the produce of his labour, becomes necessary to the subsistance of the labouring manufacturer, and is consumed by him while at work, a smaller quantity of the productions of labour will remain with the employer». (235, 236. *R. Torrens: An Essay on the External Corn Trade.* 1815).

260 || Da der Wert einer Ware = der in ihr enthaltenen notwendigen Arbeit, so wäre der Wert eines Arbeitstages — der sonst unter

[42] «Indeed, the main objection in different trades *to working by the piece* is the complaint that, when the men are found to earn good wages at it, the *employer wishes to reduce the price of the work*, and that *it is so often made use of as a means or reducing wages*». (*Dunne* **, l. c. p. 22).

* [Der vorstehende Absatz im Manuskript einmalig quer durchgestrichen. *D. Red.*]

** [Soll heissen:] *Dunning* [*D. Red.*]

den adäquaten Produktionsbedingungen verrichtet wird und mit dem durchschnittlichen, *gewöhnlichen* gesellschaftlichen Mass von Intensivität und Geschick — gleich dem in ihm enthaltenen Tag Arbeit, was Unsinn ist und gar keine Bestimmung abgibt. Der *Wert der Arbeit* — d. h. der Preis der Arbeit (qualitativ) von seinem Geldausdruck entblösst — ist also ein irrationeller Ausdruck und in der Tat bloss eine verwandelte und verkehrte Form für den *Wert des Arbeitsvermögens*. (*Preis*, der nicht auf *Wert* reduzierbar ist, sei es unmittelbar oder durch eine Reihe Mittelglieder, drückt irgend einen bloss zufälligen Austausch von irgend etwas gegen Geld aus. Und so können Dinge, die der Natur der Sache nach keine *Waren* sind und daher in diesem Sinn extra commercium hominum, durch ihren Austausch gegen Geld in Waren verwandelt werden. Daher der Zusammenhang zwischen Venalität und Korruption und Geldverhältnis. Da das Geld die verwandelte Gestalt der Ware ist, sieht man ihm nicht an, wo es herkommt, was in ihm verwandelt ist, Gewissen, Jungfernschaft oder Erdäpfel).

Aber ganz ebenso irrationell wie der Zeitlohn als unmittelbarste Form des Arbeitslohns, ist der Stücklohn, wenn er unmittelbar als Ausdruck eines Wertverhältnisses dienen soll. Es ist z. B. in einem Stück Ware (abgesehn von dem in ihr enthaltenen konstanten Kapital) eine Arbeitsstunde vergegenständlicht = 6 d. sage. Der Arbeiter erhält 3 d., oder der *Wert dieses Stücks* mit Bezug auf den Arbeiter ist nicht durch den in ihm enthaltenen *Wert*, als gemessen durch die Arbeitszeit, bestimmt. In der Tat drückt dieser Stücklohn daher *unmittelbar* kein Wertverhältnis aus. Es handelt sich nicht darum, den Wert des Stücks durch die in ihm enthaltene Arbeitszeit zu messen, sondern umgekehrt, die notwendige Arbeitszeit, die der Arbeiter verrichtet hat, durch das Stück zu messen. Der Lohn, den *er erhält, ist demnach Zeitlohn*, indem das Stück nur den Beruf hat, die Zeit zu messen, für die er den Lohn erhält, und als Garantie zu dienen, dass er nur *notwendige Arbeitszeit* angewandt, also mit der gehörigen Intensivität gearbeitet hat, ausserdem seine Arbeit (als Gebrauchswert) die gehörige Qualität besessen. Der *Stücklohn* ist also nichts als eine *bestimmte Form* des Zeitlohns, der seinerseits nur die verwandelte Form für den *Wert des Arbeitsvermögens*, respektive der diesem Wert quantitativ entsprechenden oder von ihm abweichenden *Preise des Arbeitsvermögens*. Wenn der Stücklohn die Tendenz hat, grossen Spielraum für die Individualität des Arbeiters zu lassen, also den Lohn einzelner Arbeiter über das allgemeine Niveau mehr oder minder zu erheben, treibt er ebenso sehr dazu, den Lohn andrer Arbeiter unter das Niveau zu senken und dies Niveau selbst durch die aufgestachelte und aufs äusserste gespannte Konkurrenz der Arbeiter, zu fällen.

Insofern die Intensivität der Arbeit — bei sonst gleichen Umständen — gemessen wird durch die Masse Produkt, die der Arbeiter in einer bestimmten Zeit liefert, muss man, wenn man die Zeitlöhne (z. B. den Lohn des Arbeitstags von gegebener Länge) in verschiedenen Ländern vergleicht, zugleich vergleichen, wie sich diese Löhne verhalten, wenn als Stücklohn ausgedrückt. Man erhält erst dadurch das wahre Verhältnis zwischen notwendiger und Mehrarbeit, oder zwischen Arbeitslohn und Mehrwert. Es wird sich dann oft finden, dass obgleich der scheinbare Zeitlohn höher in reichen Ländern, der Stücklohn höher in armen Ländern ist, der Arbeiter hier also in der Tat einen grössern Teil des Arbeitstags zur Reproduktion seines Salairs erheischt als dort, also die Rate des Mehrwerts hier kleiner ist als dort und der verhältnismässige Arbeitslohn daher grösser. In der Tat also der reale Preis der Arbeit hier höher ist als dort. Verschiedene Nationen betrachtet, macht ausser der Dauer und der vom einzelnen Arbeiter unabhägigen Produktivität die Intensivität ebenso grossen Unterschied, wie die Dauer des Arbeitstags. Der intensivere Nationale Arbeitstag gilt $=$ dem weniger intensiven $+ x$. Nimmt man den Arbeitstag der Gold und Silber produzierenden Länder als das Mass des internationalen Arbeitstags an, so wird sich der intensivere englische Arbeitstag von 12 Stunden z. B. in mehr Gold ausdrücken als der weniger intensive spanische; d. h. er wird höher im Verhältnis zu dem mittleren im Gold und Silber realisierten Arbeitstag stehn. Ein höherer nationaler Arbeitslohn, den gesamten Tag von einer gegebenen Länge betrachtet, höher nicht nur dem Gebrauchswert, sondern dem Tauschwert nach und daher auch im Geldausdruck (gegebenen Wert von Gold und Silber vorausgesetzt, muss höhrer Geldausdruck immer mehr Wert und niedrigrer immer minder Wert ausdrücken; die Geldlöhne der Arbeiter bei verschiedenen Nationen *gleichzeitig* betrachtet, ist der *Wert von Gold und Silber* stets als gegeben vorausgesetzt, da selbst ein *Wechsel* in diesem Wert für die verschiedenen Nationen *gleichzeitig*, also soweit ihr *wechselseitiges* Verhältnis angeht, *kein* Wechsel vorhanden ist), unterstellt also in der Tat keinen höhern *Preis der Arbeit*, als Preis für bestimmtes Arbeitsquantum. Bei längerer Arbeitsdauer, wie, was international dasselbe, bei grösserer Intensivität der Arbeit, kann der Arbeitslohn in dem einen Land höher sein als in dem andern, aber erstens dennoch einen kleinern Teil des Gesamttags ausmachen, also relativ kleiner sein und zweitens selbst einen geringeren *Preis der Arbeit* darstellen. Z. B. erhält der Arbeiter täglich 3 sh. für 12 Stunden, so ist das weniger als wenn sein Taglohn $2^1/_2$ sh. für 11 Stunden beträgt. Denn die eine Stunde Mehrarbeit schliesst eine viel grössere Abnutzung, also raschere Reproduktion des Arbeitsvermögens ein. Noch grösser wäre der Unterschied, wenn die $2^1/_2$ sh. für 10, und die 3 für *

379 | «Although skill and mechanical science may do much, the preponderance of the *vital element is essential in the extension of manufactures.* The system of *morcellement,* in preventing a rapid development of the population, has thus tended indirectly to retard the extension of manufactures. It has also had that effect in a direct manner. It has retained a large population attached to and occupied upon the soil. The cultivation of the soil is their primary occupation — that which is followed with pride and contentment — their employment in spinning, weaving, and the like is but a subsidiary one necessary for their support. Their savings are hoarded for the purpose of increasing their inheritance and they are not prone to wander from home in search of fresh occupation or new habits. (Also grade hier, wo saving = hoarding relatively to a high degree still exists, and is able to exist under the given circumstances, is the *formation of capital,* relatively speaking, and the *development of capitalistic production,* prevented, in comparison to England, by the very same economical conditions that are favourable to the hoarding etc.). The position of a proprietor, the possession of a house, of a plot of ground, is the chief object also of the factory operative, and of almost every poor man who has not already a property; in fact, all look to the land.. From

* [Die Seiten 261 und 262 fehlen. Statt dieser fehlenden Fortzetzung liegt ein als Seite 379 bezeichnetes Blatt vor, das sich dem Thema nach einigermassen ungezwungen dem vorstehenden Text anschliesst und von Marx überschrieben ist: *ad b) Verschiedne Zentralisation der Produktionsmittel bei verschiednen Völkern.* [Auf dieses Stichwort folgt der nachstehende Text. *D. Red.*]

this description of the character and occupations of a very numerous class of the French people, it will be readily inferred that, unlike that of England, the manufacturing industry of France is represented by small establishments, (zeigt sich hier wie nötig die Expropriation von Grund und Boden nötig für die Entwicklung der grossen Industrie) some moved by steam and water, many dependent for their moving power upon animal labour and many factories still entirely employing manual labour only. The *characteristic of French industry* is well describered by Baron C. Dupin, as *consequent upon the system of the tenure of land.* He says: «As France is the country of divided properties, that of small holdings, so it is the *country of the division of industry, and of small workshops*». (67, 68. *Rep*[*ort*] *of Ins*[*pectors*] *ol Fact*[*ories*]. 31. Oct. 1855). Derselbe Factory Inspector (A. Redgrave) gibt (für 1852) eine Uebersicht der französischen *textile* manufactures, of whatever importance, woraus folgt, dass <die treibende Kraft *Steam* 2,053 (Pferdekraft), *Water* 959 und *Other Mechanical Power* 2,057>. (p. 69, l. c.)[a]. Er vergleicht diesen return mit dem return of the number of factories etc., presented to the House of Commons in 1850, und zeigt daraus «the following remarkable difference between the system of textile manufacture of England and that of France». Nämlich folgendes Resultat:

380 || «The *number* of factories in France is *3 times as large* as those in England, while the number of persons employed in them is *only* 1/5 greater; but the very different proportions of machinery and moving power will be best shown by the following comparison:

	France	England
Number of Factories	12,986	4,330
Number of persons Employed	706, 450	596,082.

In der Tat in Frankreich unter factories aufgezählt, was in England garnicht zu dieser Kategorie gerechnet wird.

[a] Was als vorläufige (ursprüngliche) Akkumulation des Kapitals erscheint, ist in der Tat nur Verselbständigung der Produktionsbedingungen — ihre Losscheidung vom selfemploying producer und seine Verwandlung in Lohnarbeiter. Im Text ist dies gezeigt an der Manufaktur. Klar dies z. B. aber auch an dem Verhältnis des farming capitalist und des Bauern etc. «La grande culture n'éxige pas une plus grande masse de capitaux que la petite ou la moyenne culture; elle en

Average Number of Persons in each factory	54	137	
Average Number of spindles to each person Employed	7	43	also 6 mal so viel in England als in Frankreich.
Average Number of Persons to each loom	2 (Power und handloom)	2	(Powerloom only)

Es sind danach in Frankreich *mehr* Personen employed als in England, aber auch nur, weil im englischen Return alle handloom weaving ausgeschlossen; aber auf das average establishment kommen in England mehr als 2 mal so viel, wie in France $\left(\frac{54}{136} = \frac{27}{68} = \frac{13}{34} = \frac{1}{3}\right.$ beinahe), also grössere agglomeration der Personen unter dem Kommando desselben Kapitals. In Frankreich 3 mal soviel Fabriken, aber nur $\frac{1}{5}$ mehr Personen darin beschäftigt, also *weniger* Personen beschäftigt im Verhältnis zur *Zahl der establishments.* Ferner mit Bezug auf die mass of machinery coming upon each person, in England 6 mal soviel spindles als in Frankreich. Wären alle Personen Spinner, so kämen auf Frankreich 4,945,180 spindels, in England auf $^1/_5$ weniger. So in England 1 power loom auf 2 persons, in France 1 power or 1 hand loom.

Persons 596, 082
43
1788246
2384328
25,631,526

In England 25,631,526. Ferner the steampower employed in factories of Great Britain = 108,113 horses; the proportion of persons employed about $5^1/_2$ persons to each horse power of steam; the proportion of France upon this estimate should give a steam power = 128,409 horses, whereas the *whole* of the steam power of France was in 1852

éxige moins au contraire, aber in diesen verschiedenen Systemen müssen die Kapitalien verschieden distribuiert sein; dans la grande culture les capitaux appliqués à l'agriculture doivent se trouver entre les mains d'un petit nombre d'hommes qui salarient les bras qu'ils emploient». (*p. 218. 2-ème livraison, 1825. Mathieu de Dombasle: «Annales Agricoles de Roville»*).

only = 75,518 horses, produced by 6,080 steam-engines, of the average power of less than $12^1/_2$ horses to each; while the number of steam engines employed in the textile factories of France appears to have been in *1852* 2053 and the power of those engines to be equal to 20,282 horses, distributed as follows:

	Factories	Power in horses
Employed in spinning only	1,438	16,494
» » weaving only	101	1,738
» » finishing etc.	242	612
» » other processes	272	1,438
	2,053	20,282

(p. 70, l. c.)

«The absence, in France, of the bones and sinews of manufactures, coal and iron must ever retard her progress as a manufacturing country» (l. c.).

Auf den einzelnen Arbeiter in der englischen Fabrik kommt viel mehr Arbeitsmaschinerie und Treibbewegungsmaschinerie (Mechanic Power), also auch viel mehr Rohstoff von ihm verarbeitet in *derselben* Zeit, compared to the Frenchmen. The productive power of his labour is, therefore, much greater, as is the capital that employs him. The number of establishments much smaller in England than in France. The number of workingmen employed on the average, in one single establishment, much greater in England than in France, although the total number employed in France greater than in England, although in a small proportion only, compared to the number of establishments.

Es zeigt sich hier, dass infolge von historischen etc. Umständen, die verschieden eingewirkt haben auf die *relative Grösse der Konzentration der Produktionsmittel,* entsprechend relativ grösserer oder kleinerer *Expropriation* der Masse der unmittelbaren Produzenten, sehr verschiedene Entwicklungsstufe der Produktivkräfte und der *kapitalistischen Produktionsweise* überhaupt. Es ist dies aber grade im umgekehrten Verhältnis zum «saving» und «hoarding» des unmittelbaren Produzenten selbst, der in Frankreich sehr gross verglichen mit England. Die Stufenleiter, worauf die surpluslabour der producers can be «saved» and «hoarded» and «accumulated» and brought together in great masses, id est *concentrated*, can be used as capital, corresponds exactly to the degree in which their surpluslabour is hoarded etc. by their employers instead of by themselves; corresponds, therefore, to the degree in which the great mass of the real producers is precluded from the capacity and the conditions of «saving», «hoarding», «accumulating», is in one word precluded from all power of appropriating its own surplus labour to any important degree, because of their more or less complete *expropriation from* their *means of production.* Capitalistic Accumulation and concentration are based upon, and correspond to, the facility of *appropriating other people's surplus labour in great masses,* and the corresponding inability of these people themselves to lay any claim to their own surplus labour. It is, therefore, the most ludicrous delusion fallacy, or imposture, to explain, and account for, this capitalistic Accumulation, by confounding it with, and, as far as phraseology goes, converting it into, a process quite its opposite, exclusive of it, and corresponding to a mode of production upon whose ruins capitalistic production can alone be reared. It is this one of the delusions carefully entertained by the Political Economy. The truth is this, that in this Bourgeois society, every workman if he is an exceedingly clever and shrewd fellow, and gifted with bourgeois instincts, and favoured by an exceptional fortune, can possibly be converted himself into an *exploiteur du travail d'autrui.* But where there was no travail to be exploité, there would be no capitalist nor capitalistic production.

|| 75 * *Ricardo* tröstet in der Tat die Arbeiter damit, dass infolge der steigenden Produktivkraft der Arbeit die Zunahme des Gesamtkapitals gegen den variablen Bestandteil, auch der als Revenue verzehrte Teil des Mehrwerts wächst, und daher increased demand for menial servants. (*Ricardo*, Principles. p. 473).

76 «Property... is essential to preserve the common unskilled labourer from falling into the condition of a piece of machinery, bought at the *minimum* market price at which it can be produced, that is at which labourers can be got to exist and propagate their species, to which he is *invariably* reduced sooner or later, when the interests of capital and labour are quite distinct, and are left to adjust themselves under the sole operation of the law of supply an demand». *(Samuel Laing. «National Distress». London, 1844.* p. 46).

* [Diese Nummer, wie auch die nachfolgenden, ist keine Seitennummer, sondern die Ordnungszahl einer Fussnote, die der nachstehende Text bildet. Die Seiten, auf denen sich diese Fussnoten befinden, sind nicht paginiert. *D. Red.*]

|| 77 *Irland. Emigration.* Soweit die wirkliche Zu- oder Abnahme der Arbeiterpopulation in dem zehnjährigen Zyklus der Industrie irgendeinen wahrnehmbaren Einfluss auf den Arbeitsmarkt ausüben kann, könnte es nur in England sein, und wir nehmen es als Muster, weil hier kapitalistische Produktionsweise entwickelt ist und nicht, wie auf dem Kontinent von Europa, grossenteils noch auf dem Boden einer ihr nicht entsprechenden Bauerwirtschaft sich bewegt, nur durch den Einfluss, den die Verwertungsbedürfnisse des Kapitals auf die Ausdehnung oder Kontraktion der Emigration ausüben. Es ist zunächst zu bemerken, dass die Emigration des Kapitals, d. h. der Teil der jährlichen Revenu, der als Kapital im Ausland, namentlich in den Kolonien und United States von Amerika angelegt wird, viel grösser ist im Verhältnis zum jährlichen Akkumulationsfonds als die Zahl der Auswanderer zum jährlichen Bevölkerungszuschuss. Ein Teil dazu reist in der Tat nur dem Kapital nach. Ferner besteht die Auswanderung aus England, soweit ihr Hauptbestandteil, die agrikole, betrachtet wird, grossenteils nicht aus Arbeitern, sondern aus Pächterssöhnen usw. Sie wurde bisher mehr als ersetzt durch die Immigration aus Irland. Die Perioden der Stagnation und Krise, wo der Drang nach Auswanderung am grössten, sind dieselben, wo mehr Zuschusskapital ins Ausland gesandt und die Perioden, wo die Emigration abnimmt, dieselben, wo die Emigration des überschüssigen Kapitals abnimmt. Das absolute Verhältnis von dem im Land *angewandten* Kapital und Arbeitskraft wird also durch die Schwankungen der Emigration wenig berührt. Nähme die Emigration in England ernstliche Dimensionen an, im Verhältnis zum jährlichen Zuwachs der Bevölkerung, so wäre es um seine Weltmarktsstellung geschehn. Die irische Emigration seit 1848 hat die Malthusianer in allen ihren Erwartungen und Vorhersagungen geprellt. Erstens hatten sie eine Auswanderung, die das Mass des Bevölkerungszuschusses übersteigt, für unmöglich erklärt. Die Irländer haben das Problem gelöst, trotz ihrer Armut. Der ausgewanderte Teil schickt jährlich grossenteils die Mittel zur Auswanderung den Zurückgebliebenen. Zweitens aber hatten dieselben Herrn vorhergesagt, dass die famine, die eine Million hinraffte und der darauffolgende Exodus, ganz so in Irland wirken werde, wie der Black Death Mitte des 14. Jahrhunderts in England. Es hat grade das Gegenteil stattgefunden. Die Produktion nahm rascher ab als die Bevölkerung und ebenso die Beschäftigungsmittel der Agrikulturarbeiter, obgleich ihr Lohn heute, den verschiedenen Preis der Lebensmittel betrachtet, nicht höher steht als 1847. Die Bevölkerung aber hat sich in 15 Jahren von 8 auf

ungefähr $4^1/_2$ Millionen vermindert. Allerdings ist die Viehproduktion einigermassen gewachsen und Lord Dufferin, der Irland in eine blosse Schafweide verwandeln will, hat ganz Recht, dass es immer noch viel zu zahlreich ist. Die Irländer unterdes tragen nicht nur ihre eignen Knochen nach Amerika, sondern sich selbst, und das «Exoriare aliquis ultor» wird sich furchtbar jenseits des Transatlantic [bewahrheiten.]

Betrachten wir die zwei letzten Jahre 1864 und 1865, so finden wir für die Hauptcrops:

	1864 qrs.	1865 qrs.	Decrease
Wheat	875,782	826,783	48,999
Oats	7,826,332	7,659,727	166,605
Barley	761,909	732,017	29,892
Bere	15,160	13,989	1,171
Potatoes	4,312,388	3,865,990	446,398
Turnips	3,467,659	3,301,683	165,976
Flax	64,506	39,561	24,945

(Das official: «*Agricult. Statistics Ireland*». *Dublin, 1866*. p. 4).

Dies verhindert nicht, dass einzelne Subjekte sich bei dem raschen Ruin des Landes bereichern. So z. B.

die Zahl der Personen, die von 900 bis 1000 £ jährliches Einkommen 1864 : 59 und 1865 : 66, die, die 1000—2000 £ : 1864 : 315, *1866* : 342; 1864 nahmen:

		1864	1865
Incomes zwischen	3000 — 4000	46	50
	4000 — 5000	19	28
	5000 — 10000	30	44
	10000 — 50000	23	25

und drei Personen, von denen jede 87, 706 £; drei, von denen jede 91,509 £ (*«Income and Property Tax Return». 7. August 1866).* Lord Dufferin, der zu der Zahl dieser «Ueberzähligen» gehört, findet, mit Recht, dass Irland immer noch viel zu viel Einwohner zählt.

[*] || «Erst unter Friedrich II. wurde für die meisten Provinzen des Königreichs Preussen den Untertanen (Bauern) die Erblichkeit und das Eigentumsrecht gesichert. Und diese Verordnung half dazu, ein Leiden des Landvolks zu enden, welches das Land zu *entvölkern* drohte. Denn grade im vorigen (18.) Jahrhundert, seit die Gutsherrn darauf bedacht waren, den *Ertrag ihrer Wirtschaft zu steigern*, fanden sie vorteilhaft, *einzelne ihrer Untertanen auszutreiben und die Bauernäcker zum Herrengut zu schlagen.* Die ausgetriebenen Leute verfielen als heimatlose Leute dem Elend; den übrigen Untertanen aber wurden dadurch die Lasten vollends unerträglich gemacht, denn ihnen wurde jetzt von den Gutsherren zugemutet, auch noch die früheren Bauernäcker zu bestellen, deren Besitzer sonst durch ihre Arbeit die Bestellung des Herrenguts erleichtert hatten. Dies «*Bauernlegen*» war im *östlichen Deutschland* besonders arg geworden. Als Friedrich II. *Schlesien* eroberte, waren dort viele 1000 Bauerngüter ohne Wirte; die Hütten lagen in Trümmern, die Aecker waren in den Händen der Gutsherren. *Alle eingezogenen Stellen* mussten wieder aufgebaut, mit Wirten besetzt, mit Vieh und Geräte ausgestattet und als erblicher und eigentümlicher Besitz an Landbauern ausgegeben werden. Auf *Rügen* verursachte derselbe Missbrauch noch in der Jugend von Moritz Arndt Aufstände des Landvolks, Soldaten wurden entsendet, Aufrührer eingekerkert: dafür suchten die Bauern Rache, sie lauerten einzelnen Edelleuten auf und erschlugen sie. Ebenso war in *Kursachsen* noch 1790 derselbe Missbrauch eine Ursache der Empörung». (*G. Freitag*).

Es zeigte sich hier recht, was es mit den feudalen Nobelgefühlen auf sich hatte! **

[***] || Obgleich die Kapitalbildung und die kapitalistische Produktionsweise wesentlich beruht auf Aufhebung nicht nur der feudalen Produktionsweise, sondern auf *Expropriation* der Bauern, Handwerker, überhaupt der Produktionsweise, die auf dem *Privateigentum des unmittelbaren Produzenten an seinen Produktionsbedingungen* beruht; obgleich die kapitalistische Produktionsweise, einmal eingeführt, in demselben Masse sich entwickelt, als jenes Privateigentum und die auf ihm gegründete Produktionsweise aufgehoben wird, also jene unmittelbaren Produzenten *expropriiert* werden unter dem Namen der *Konzentration des Kapitals* (Zentralisation); obgleich jener *Expropriationsprozess*, wie er sich später systematisch wiederholt in

* [Diese und die folgende Seite ist ebenfalls nicht paginiert. *D. Red.*]

** [Der Text dieser Seite ist einmalig vertikal durchgestrichen. *D. Red.*]

*** [Auch diese Seite ist nicht numeriert. *D. Red.*]

dem clearing of estates, zum Teil als gewaltsamer Akt die kapitalistische Produktionsweise *einleitet* — so liebt es nicht nur die *Theorie der kapitalistischen Produktionsweise* (die *Politische Oekonomie*, Rechtsphilosophie usw.), sondern der Kapitalist selbst in seiner *Vorstellung* seine Art Eigentum und Aneignung, die auf der Aneignung fremder Arbeit in ihrem Fortgang und auf der Expropriation des unmittelbaren Produzenten in ihrer Grundlage beruht, mit jener *Produktionsweise* zu verwechseln, die umgekehrt das *Privateigentum des unmittelbaren Produzenten an seinen Produktionsbedingungen* voraussetzt — eine Voraussetzung, unter welcher die kapitalistische Produktionsweise in Agrikultur und Manufaktur etc. unmöglich wäre — und daher auch jeden Angriff auf diese *Form der Aneignung* als einen Angriff auf jenes erarbeitete Eigentum, ja *auf alles Eigentum* darzustellen. Es kommt dabei natürlich immer grosse Schwierigkeit heraus die Expropriation der arbeitenden Masse vom Eigentum als Lebensbedingung des auf Arbeit ruhenden Eigentums darzustellen. (Uebrigens beim Privateigentum in jener Form immer wenigstens *Sklaverei* der Familienglieder eingeschlossen, die rein vom Familienhaupt vernutzt und exploitiert werden). Die allgemeine *juristische* Vorstellung von Locke bis Ricardo daher die des *kleinbürgerlichen Eigentums*, während die von ihnen dargestellten Produktionsverhältnisse der *kapitalistischen Produktionsweise* angehören. Was dies möglich macht, ist das Verhältnis des *Käufers und Verkäufers*, die *formell* dieselben bleiben in beiden Formen. Man findet bei allen diesen Schriftstellern das Doppelte:

1) *ökonomisch* gegen das auf *Arbeit beruhende Privateigentum*, zeigen die Vorteile der *Expropriation der Masse* und der *kapitalistischen Produktionsweise* nach;

2) *ideologisch* und *juristisch* wird die *Ideologie* des auf *Arbeit beruhenden Privateigentums* ohne weiteres auf das auf der *Expropriation der unmittelboren Produzeuten* beruhende Eigentum übertragen.

| [79] So z. B. die Redensart von Wegwälzen gegenwärtiger Lasten auf künftige Generationen durch Staatsschulden. *A* kann dem *B*, der ihm Waren wirklich oder zum Schein leiht, eine Schuldverschreibung auf *Produkte der Zukunft* geben, wie es ja auch Poeten und Musiker der Zukunft gibt. Aber *A* und *B* zusammen verzehren nie ein Atom vom Produkt der Zukunft. Jede Zeit zahlt ihre eignen Kriegskosten.

Dagegen kann ein Arbeiter in diesem Jahr die Arbeit der drei folgenden Jahre vorverausgaben.

«In pretending to stave off the expenses of the present hour to a future day, in pretending that you can burthen posterity to supply the wants of the existing generation», behauptet man das Absurde, «that you can consume what does not yet exist, that you can feed on provisions before their seeds have been sown in the earth... All the wisdom of our statesmen will have ended in a great transfer of property from one class of persons to another, in creating an enormous fund for the rewards of jobs and peculation». (8, 9. *Percy Ravenstone. M. A. Thoughts on the Funding System and its Effects. London, 1824*).

73 Die Colliers

Wie diese Abhängigkeit der colliers für ihre Wohnungen von den Exploiteurs wirkt, zeigt sich bei jedem Strike. Z. B. November 1863 Strike in Durham. Die Leute wurden im härtesten Wetter mit Frau und Kind an die Luft gesetzt und die Möbel etc. vor die Türen geworfen. Es galt also vor allem Obdach während der kalten Nächte zu finden. Ein grosser Teil schlief an offener Luft; ein Teil brach ein in ihre evacuated dwellings und occupied sie während der Nacht. Die Minenexploiteurs liessen darauf den folgenden Tag Tür und Fenster vernageln und verbarren, um den Herausgeworfenen den Luxus abzuschneiden, in eiskalter Nacht auf dem nackten Boden der leeren cottages zu schlafen. Die Leute nahmen nun ihre Zuflucht dazu, hölzerne cabins, Wigwams von Torf aufzuschlagen, aber diese wurden wieder niedergerissen durch die Eigentümer der Felder. Eine Masse Kinder starben und verdarben während dieses Feldzugs der Arbeit gegen das Kapital. *(Reynolds Newspaper. November, 29. 1863).*